Socio-économie du travail

2022 – 1, n° 11

Socio-économie du travail

Aux frontières du travail et de l'emploi. Déplacements et recompositions dans les pays du Nord

Sous la direction d'Anne Jourdain

PARIS
CLASSIQUES GARNIER
2023

La revue *Socio-économie du travail* étudie la variété des systèmes d'emploi et des formes de mobilisation du travail dans une perspective interdisciplinaire proche de la tradition anglo-saxonne des *Industrial Relations*. Les articles publiés décrivent et analysent cette variété en prêtant une attention particulière au rôle des institutions et en développant une approche compréhensive du monde du travail.

La revue s'intéresse notamment aux formes et aux statuts d'emploi, aux rémunérations, aux conditions et à l'organisation du travail, et à l'articulation travail/hors-travail. Elle s'intéresse aussi à la formation et aux relations professionnelles, à la protection sociale et aux politiques publiques ou d'entreprise. La perspective peut être analytique et/ou relever de l'évaluation d'intention scientifique.

Croisant approches qualitatives (entretiens, observation, archives) et quantitatives (statistique, économétrie), la revue *Socio-économie du travail* accueille des travaux d'économistes, de sociologues, de politistes, de gestionnaires ou encore d'ergonomes et de juristes.

Elle propose régulièrement des appels à contributions thématiques qui donnent lieu à des dossiers ou numéros spéciaux sur des directions de recherche que le comité de rédaction souhaite encourager. La revue est par ailleurs ouverte à toute soumission spontanée en cohérence avec sa ligne éditoriale. Si le français est la langue de référence, la revue pourra publier des contributions en anglais lorsque les auteurs ne sont pas francophones.

Les auteurs sont invités à présenter leur article selon les règles suivantes :

1. *Socio-économie du travail* ne publie que des textes inédits et souhaite que les articles qui lui sont proposés ne soient pas soumis à plusieurs revues en même temps.
2. Le volume de l'article ne doit pas excéder 70 000 signes (notes et espaces compris).
3. Titre donné en français. Résumés (800 signes espaces compris maximum) en français et en anglais
4. Le fichier de la soumission est dans un des formats de fichier suivants : Microsoft Word, RTF. Le texte est à simple interligne, utilise une police de 12 points.
5. Identification et coordonnées de chaque auteur (adresse professionnelle, publiable, et adresse personnelle, non publiable).
6. Notes en bas de page, conformément aux appels de note de la même page, numérotées en continu pour tout l'article.
7. Références bibliographiques à la suite du texte, classées par ordre alphabétique des auteurs et, pour chaque auteur, chronologiquement.

Une notice plus complète sera adressée aux auteurs des articles acceptés.

Les soumissions sont à faire en ligne à l'adresse suivante :
https://classiques-garnier.com/ojs/index.php/set/about/submissions

The journal *Socio-économie du travail* studies the variety of employment systems and forms of labor mobilization from an interdisciplinary perspective close to the Anglo-Saxon tradition of Industrial Relations. The articles published describe and analyze this variety by paying particular attention to the role of institutions and by developing a comprehensive approach to the world of work.

Socio-économie du travail publishes research on forms of employment, employment status, wages, working conditions, work organization, and the boundaries between work and private life. It also values research on training and industrial relations, social protection and public or company policies related to work and employment.

The journal *Socio-économie du travail* combines qualitative approaches (interviews, observation, archives) and quantitative approaches (statistics, econometrics). It welcomes works by economists, sociologists, political scientists, managers, ergonomists and jurists.

Calls for papers are regularly issued on specific topics, which lead to special issues on research orientations that the editorial board wishes to encourage. The journal is also open to all spontaneous submissions that are consistent with its editorial line. Although French is the language of reference, the journal may publish contributions in English when the authors are not French-speaking.

All submissions should follow the instructions below:

1. Manuscripts submitted to *Socio-économie du travail* must be original texts, presented exclusively to the journal.
2. Articles must not exceed 70 000 characters (including footnotes and spaces).
3. Title and abstract (not more than 800 characters, spaces included) must be provided in French and English.
4. Submission file is a Microsoft Word or RTF file. Single spacing and 12 points font are required.
5. Identification and contact details of each author (professional address, publishable, and personal address, not publishable) must be provided.
6. Footnotes must be numbered consecutively (from 1 up) throughout the paper (in the order in which they are given in the text).
7. Bibliographical references must follow the article, arranged in alphabetical order of the authors and for each author in chronological order.

More information will be specified to authors(s) once the article is accepted.

Submissions online:
https://classiques-garnier.com/ojs/index.php/set/about/submissions

ISBN 978-2-406-14893-7
ISSN 2554-9073

SOMMAIRE

ARTICLES

COMPTES RENDUS DE LECTURE

CONTENTS

ARTICLES

BOOKS REVIEW

ARTICLES

INTRODUCTION DU NUMÉRO

Aux frontières du travail et de l'emploi : déplacements et recompositions dans les pays du Nord

Anne JOURDAIN
Université Paris-Dauphine,
Paris Sciences & Lettres (PSL),
Institut de recherche
interdisciplinaire en sciences
sociales (IRISSO)

Au Nord comme au Sud, les mondes du travail ont été soumis à de nombreux bouleversements ces dernières années. Au Nord, la digitalisation des modes de travail, le développement des plateformes numériques, la « pluralisation » de la norme d'emploi à travers l'extension des nouvelles formes juridiques d'emploi (NFE), la valorisation accrue de l'entrepreneuriat, l'externalisation de missions de services publics et, dernièrement, les crises sanitaire et économique liées à la Covid-19 sont autant de facteurs de déstabilisation du travail. Au Sud, des logiques similaires sont à l'œuvre. La fragilisation des formes classiques de travail et d'emploi est plus particulièrement associée au développement des protections sociales indépendantes de l'activité professionnelle, à la « déformalisation » croissante des formes de salariat, à la multiplication des politiques de « formalisation par le bas » et, depuis 2020, au choc brutal de la pandémie sur des secteurs déjà très vulnérables. Tous ces facteurs (non exhaustifs) participent au brouillage des frontières entre les statuts d'emploi, notamment entre salariat et indépendance, et simultanément à celui des frontières entre travail et hors-travail (temps libre, temps familial, loisir, activité domestique...). Dès lors, dans quelle l'exploitation des travailleurs et des travailleuses concernés, c'est-à-dire l'appropriation de la valeur de leur travail par d'autres. S'appuyant par ailleurs sur les recherches anglo-saxonnes sur le *hope labor* (Kuehn et Corrigan, 2013) ou l'*aspirational labor* (Duffy, 2017), Maud Simonet montre que le travail gratuit est perçu aujourd'hui comme un tremplin vers l'emploi ou un investissement pour la carrière. Ainsi en est-il du bénévolat, du volontariat ou des stages qui s'inscrivent dans le cadre d'un parcours pour l'emploi et qui relèvent désormais du fonctionnement normalisé du marché du travail. Les politiques publiques actuelles – les politiques de l'emploi et celles favorisant la mise au travail des bénévoles et des allocataires d'aides sociales dans un contexte de restrictions budgétaires – participent à cette gratuitisation du travail.

La quantification des activités nouvellement qualifiées de « travail » est un enjeu à la fois politique et scientifique. Dans les faits, le brouillage des frontières entre travail et hors-travail rend difficile la comptabilisation statistique de ces activités pouvant prétendre au statut de travail. Les économistes et sociologues de la quantification ont depuis longtemps montré l'arbitraire de la réduction des catégories de travail et de richesse aux seules activités et valeurs comptabilisées à travers le PIB (Produit Intérieur Brut), qui écarte le travail domestique et plus généralement toutes les formes de travail qui ne font pas, ou que partiellement, l'objet d'une évaluation comptable (Gadrey, 2005 ; Jany-Catrice et Méda, 2011). Dans cette perspective, plusieurs travaux proposent de nouvelles méthodes de mesure de ces activités invisibles pour les réintégrer dans la comptabilité nationale (Chadeau et Fouquet, 1981 ; Gadrey et Jany-Catrice, 2016). La construction d'outils de mesure communs, admis et partagés par les statisticiens et les statisticiennes, se trouve donc complexifiée par les débats scientifiques sur les frontières du travail. En France, les enquêtes « Emploi du temps » de l'Insee (Institut national de la statistique et des études économiques) supposent toujours, dans leur recodage, une séparation nette entre le « temps professionnel » et les temps supposés hors-travail (« temps domestique », « temps personnel (physiologique) », « temps de loisir et temps libre ») (Brousse, 2015). Or, cette distinction paraît de moins en moins refléter les emplois du temps effectifs. C'est pourquoi les catégories statistiques traditionnelles font l'objet de critiques, telles que dans l'article d'Irène Berthonnet et de Clémence Clos dans ce numéro.

En définitive, se pose la question des effets économiques et sociaux des propositions théoriques – qui sont aussi d'ordre politique – d'élargissement des frontières de la catégorie de travail. Ainsi, si la notion de travail domestique a en partie été adoptée par des institutions telles que l'Insee et médiatisée au-delà de la sphère académique, de nombreuses formes de travail gratuit font l'objet de luttes sociales pour être pensées comme véritable travail dans l'ensemble de la société.

II. LES LUTTES SOCIALES POUR QUALIFIER CERTAINES ACTIVITÉS DE TRAVAIL

Sous l'effet des transformations contemporaines, ce sont aussi les conceptions indigènes du travail qui évoluent. De nombreux acteurs – professionnels, syndicaux, médiatiques, politiques, juridiques, etc. – participent à la qualification d'activités comme travail. Ces acteurs multiples sont engagés dans des luttes sociales de qualification, si bien que les frontières les plus stabilisées du travail peuvent être analysées comme le résultat de rapports de pouvoir. Ces luttes sont lourdes d'enjeux pour les travailleurs et les travailleuses, dans la mesure où elles rendent leurs situations plus ou moins stables ou, au contraire, précaires. Comment les transformations contemporaines évoquées en introduction affectent-elles ces acteurs, et leurs luttes pour définir les frontières du travail ?

La question de la recomposition des frontières du travail est donc aussi une question empirique. L'article de Saskia Meroueh sur le travail des enfants mannequins et l'article de Marion Michel sur le travail des créatrices de contenus numériques prennent ainsi pour objets les luttes sociales visant à qualifier certaines activités de travail. Elles mettent au jour les enjeux de ces luttes et les efforts qu'elles engagent, ces efforts pouvant eux-mêmes être pensés comme travail.

Un des enjeux les plus recherchés de ces luttes sociales est la reconnaissance. Le travail gratuit est un travail invisible, dénié comme travail. Les efforts des acteurs concernés consistent alors en un travail de visibilisation (Arborio, 2016). Ainsi en est-il de la *class action* mise en place dans le cadre de l'affaire des blogueurs du *Huffington Post* analysée par Maud Simonet (2018). Ce journal en ligne a été racheté par l'entreprise AOL en 2011 pour 315 millions de dollars : les milliers de blogueurs qui y ont contribué gratuitement depuis sa création en 2005 ont alors demandé que leur soit rétrocédé un tiers du profit réalisé. La reconnaissance du travail approprié *a posteriori* par une entreprise à but lucratif est au cœur du combat mené.

Un autre enjeu est le rattachement d'activités émergentes aux institutions traditionnelles du salariat, à travers une réglementation juridique adaptée. Cet enjeu est devenu plus prégnant avec ladite ubérisation de la société et le développement des plateformes numériques (Deliveroo, Uber…) pour lesquelles travaillent de plus en plus d'individus avec un statut d'indépendant et non de salarié. Se posant en simple intermédiaire entre un individu offreur et un autre demandeur, ces plateformes contourneraient les régulations juridiques traditionnelles fondées sur le contrat de travail et constitueraient un nouveau mode d'exploitation de la force de travail (Gomes, 2018). De fait, les récentes condamnations ou requalifications juridiques d'emplois indépendants en contrats de travail salarié (Take Eat Easy, Uber, Deliveroo…)[1] sont les résultats de luttes visant à faire reconnaître l'existence de liens de subordination, caractéristiques du contrat salarial, entre les plateformes et les travailleurs. Dans ce numéro, Saskia Meroueh propose d'analyser des conflits plus anciens : ceux qui ont présidé à la loi de 1990 qui légalise le travail des enfants mannequins. La réglementation de ces activités exercées jusque-là de manière illégale se fait au nom de la protection de l'enfance (pour encadrer les conditions de travail des enfants), mais aussi de l'internationalisation du marché de la mode et de la publicité. Fruit de luttes sociales engageant divers acteurs, la construction de frontières juridiques du travail contribue en retour à structurer les représentations sociales du travail, comme le fait désormais la loi susmentionnée de 1990 dans les débats actuels sur le travail des enfants influenceurs.

Un dernier enjeu mis en évidence dans ce numéro relève de la marchandisation et de la professionnalisation. Les plateformes numériques

1 Peuvent ainsi être mentionnés : l'arrêt de la Cour de cassation « Take Eat Easy » du 18 novembre 2018, l'arrêt « Uber » du 4 mars 2020 et, plus récemment, la condamnation le 19 avril 2022 par le tribunal correctionnel de Paris de l'entreprise Deliveroo France pour travail dissimulé.

(Amazon Mechanical Turk, Etsy, TaskRabbit, ainsi que Facebook, Instagram…) ont contribué au développement de la marchandisation du temps libre, des loisirs, des activités domestiques ou encore du militantisme (Barraud de Lagerie et Sigalo Santos, 2018 ; Ravenelle, 2019). Plusieurs travaux posent la question du statut de ces activités parfois précédemment exercées à titre gratuit et nouvellement marchandisées, afin de saisir la signification sociale de cette marchandisation dans les trajectoires et les pratiques des individus (Naulin et Jourdain, 2019) : travail à-côté (Beauvisage *et al.*, 2018 ; Weber, 1989) ? Travail ouvert (Flichy, 2017) ? Loisir sérieux (Stebbins, 2007) ? Etc. Les concepts proposés pour les appréhender sont nombreux et parfois anciens. Ils problématisent tous la question des frontières du travail. Leur ancienneté rappelle que la marchandisation du hors-travail existe depuis bien plus longtemps que les plateformes numériques. Cette marchandisation concerne en grande partie des activités informelles et non déclarées (à l'instar des « petits boulots » payés « au noir »), et parfois des indépendantes et indépendants qui optent désormais fréquemment pour le statut d'auto-entrepreneur en France. Les logiques d'engagement dans la marchandisation sont multiples, depuis la recherche d'un revenu d'appoint ou même de bénéfices d'ordre symbolique jusqu'à la création d'un emploi indépendant (Abdelnour et Méda, 2019 ; Naulin et Jourdain, 2019). Une partie non négligeable des travailleurs et travailleuses du numérique s'inscrivent dans une logique de professionnalisation, en développant des compétences spécifiques pour tirer un revenu substantiel de leur activité. C'est notamment le cas des créatrices de contenus numériques spécialisées dans la prescription écoresponsable qui sont étudiées dans ce numéro par Marion Michel. Face aux critiques assimilant la marchandisation à un manque d'authenticité du militantisme écoresponsable, elles se réclament d'une éthique professionnelle qu'elles contribuent elles-mêmes à mettre en place. Pour faire reconnaître leur professionnalité, elles multiplient les efforts pour visibiliser les tâches et investissements qu'elles effectuent et les faire reconnaître comme un véritable travail donnant droit à une rémunération. Ce faisant, espérant obtenir plus tard une reconnaissance et un revenu pour leur travail, elles incarnent le travail aspirationnel ou *aspirational labor* (Duffy, 2017) qui les conduit à réaliser aujourd'hui un travail gratuit assimilé à un investissement pour le futur. Cet article illustre ainsi le paradoxe selon lequel la marchandisation du hors-travail (ici du militantisme) implique un travail supplémentaire (ici de professionnalisation) qui relève lui-même du travail gratuit.

III. MAINTENIR LE TRAVAIL DANS DES FRONTIÈRES ACCEPTABLES

La crise sanitaire et les confinements associés ont considérablement modifié les modes de travail, notamment à travers la généralisation du télétravail auprès des populations de cadres et de professions intermédiaires. Le télétravail, qui se développait déjà avant la pandémie (Cléach et Metzger, 2004), pose à nouveaux frais le problème de l'articulation entre travail et vie privée, alors que l'espace de travail doit s'inscrire dans l'espace domestique. Simultanément, il limite les relations informelles avec les collègues. La question des frontières du travail se pose alors de manière pratique pour les travailleurs et travailleuses concernées qui mettent en place des stratégies de circonscription du temps et de l'espace de travail. Dans ce numéro, l'article de Corinne Delmas sur le travail notarial met bien en évidence ce type de stratégie visant à maintenir le travail dans des frontières acceptables. Il s'agit pour les travailleurs et travailleuses de faire face à la porosité accrue des frontières traditionnelles sous l'effet non seulement de l'accroissement du télétravail, mais aussi de la multiplication des formes d'emploi plus ou moins atypiques qui touchent le notariat comme de nombreux autres secteurs. La thématique du débordement du travail ou de l'engagement total apparaît en effet ces dernières années dans de nombreux travaux à propos des cadres (Genin, 2017 ; Tiffon, 2021) et des indépendants et indépendantes (Benites-Gambirazio, 2017). Dans les entreprises, l'investissement actif, voire créatif, requis par le management par projet propre au « nouvel esprit du capitalisme » (Boltanski et Chiapello, 1999) impose depuis longtemps un brouillage des activités de travail et de hors-travail. La norme de forte disponibilité qui caractérise depuis plus longtemps encore les professions indépendantes se diffuse aussi sous l'effet de la tendance à s'estomper des frontières entre emploi salarié et emploi indépendant (Bernard, 2020). Un des intérêts de l'article de Corinne Delmas est de montrer que la capacité à poser des limites au débordement du travail sur la sphère privée varie selon le statut d'emploi, le métier, mais aussi les caractéristiques sociodémographiques et la trajectoire sociale. Le genre apparaît particulièrement discriminant, les femmes optant davantage pour des statuts indépendants ou même des bifurcations professionnelles, afin de mieux articuler vie professionnelle et vie familiale lorsqu'elles ont de jeunes enfants.

Le maintien du travail dans des frontières acceptables apparaît comme un enjeu central des sociétés développées contemporaines. Il s'agit notamment de faire face à la « question de société » des risques psychosociaux au travail (Gollac, 2012). Le récent appel du Centre de recherche interuniversitaire sur la mondialisation et le travail (CRIMT) à étudier les expérimentations favorisant un « travail de qualité » (CRIMT, 2022) peut être lu en ce sens. De même, *Le Manifeste travail* signé par douze autrices en 2020 (Ferreras *et al.*, 2020), qui appelle à démocratiser, démarchandiser et dépolluer le travail, invite à la convergence des réflexions scientifiques et des luttes sociales et politiques pour redéfinir le travail et, par là même, ses frontières.

IV. LES FRONTIÈRES DU TRAVAIL ET DE L'EMPLOI ANALYSÉES PAR LES ARTICLES DE CE NUMÉRO

L'ambition de ce numéro spécial est de saisir les enjeux théoriques et empiriques de la modification des frontières du travail et de l'emploi et de mettre au jour les efforts d'une multiplicité d'acteurs pour déplacer ou recomposer ces frontières. Il repose pour cela sur quatre articles d'économistes et de sociologues et sur six comptes-rendus d'ouvrages.

Suivant la ligne éditoriale de la revue *Socio-économie du travail*, les articles de ce numéro s'appuient sur une diversité de méthodes (archives, entretiens, observations, statistiques sur données numériques…) pour saisir l'effet de transformations socio-économiques de plus ou moins long terme sur les frontières du travail et de l'emploi. La question de la qualification d'activités comme travail est au cœur des trois premiers articles, tandis que le quatrième s'intéresse aux efforts de reconstitution de frontières. Proposant de repousser les frontières de la catégorie de travail, le premier article se veut plus théorique, là où les trois derniers analysent des luttes indigènes et font des frontières du travail une question empirique. Enfin, on peut noter qu'en dehors de l'article de Saskia Meroueh qui porte sur le travail des enfants, le genre est central dans les articles de ce numéro, ce qui n'est pas un hasard : la question des frontières du travail et de l'emploi, associée à des phénomènes d'invisibilisation et de vulnérabilité, se pose de manière accrue pour les femmes.

Le premier article, signé par **Irène Berthonnet et Clémence Clos**, ouvre sur une proposition théorique forte : la gestation doit être conceptualisée comme travail et non comme état physiologique. S'appuyant sur les travaux des féministes matérialistes qui remontent aux années 1970, les autrices affirment que « ce que fait la femme enceinte pendant les 9 mois approximativement nécessaires au développement d'un fœtus pour devenir un bébé » relève du travail procréatif. Se référant notamment à une définition marxienne du travail comme « mise en mouvement délibérée de l'énergie humaine pour agir sur la nature et se l'approprier sous une forme utile à la vie », elles mettent au jour le travail du corps et de l'esprit impliqué par la gestation. L'article ne s'arrête néanmoins pas à cette proposition théorique : l'ambition est de montrer que le travail de gestation n'est jamais reconnu et valorisé comme travail. Il s'agit d'un travail gratuit au sens de Maud Simonet (2018). Leur démonstration s'inscrit dans deux espaces et deux pays développés : la sphère marchande avec la gestation pour autrui (GPA) étudiée dans le cas des États-Unis, d'une part, et la sphère domestique avec la gestation « pour soi » étudiée dans le cas de la France, d'autre part. À partir d'une enquête documentaire sur les pratiques de rémunération des gestatrices des sept principales agences de GPA aux États-Unis, l'article montre que le travail de gestation effectué dans ce cadre est éventuellement compensé mais jamais rémunéré comme un travail assorti de droits sociaux (congés, chômage…). Le travail de gestation est aussi invisibilisé dans la sphère domestique, à tel point qu'il ne figure pas parmi les postes de la catégorie « temps domestique » des enquêtes « Emplois du temps » de l'Insee. À l'instar des autres formes de travail gratuit, cette invisibilisation repose sur l'idée répandue selon laquelle le travail de gestation doit être assuré au nom de l'amour. En conclusion, les autrices invitent à réfléchir aux conditions de travail et aux droits associés au travail de gestation s'il venait à être pensé comme tel, comme elles l'appellent de leurs vœux. Les interruptions volontaires de grossesse pourraient alors être interprétées comme des refus de poursuivre un travail commencé.

Les deux articles suivants traitent aussi de l'enjeu de la qualification de certaines activités comme travail, mais sans parti pris théorique. Ils explorent plutôt les luttes indigènes auxquelles se prêtent une diversité d'acteurs aux intérêts différents et aux visions du monde divergentes.

En analysant un objet relativement inédit – le travail des enfants mannequins – dans une perspective sociohistorique, l'article de **Saskia Meroueh** montre que les frontières du travail font l'objet d'une construction sociale et juridique qui accompagne le développement du capitalisme au cours du XXe siècle dans les sociétés développées comme la France. Cette construction fait l'objet de conflits qui opposent différents acteurs et institutions : législateurs, juges, inspecteurs du travail, médecins, parents, publicitaires… En s'appuyant sur des archives institutionnelles, Saskia Meroueh met ainsi en évidence le « travail relationnel » (Zelizer, 2005) entrepris par divers acteurs, qui a conduit à la loi de 1990 qui légalise le travail des enfants mannequins. Alors qu'au début du XXe siècle les frontières du travail enfantin acceptables se limitaient aux activités artistiques supposées contribuer à l'épanouissement des enfants, elles se sont progressivement déplacées vers des activités commerciales comme la publicité et le mannequinat. L'article vise précisément à éclairer ce déplacement des frontières en analysant l'évolution des normes sociales et juridiques. Il montre qu'au début de la période, l'usage des enfants dans la publicité et le mannequinat était jugé immoral et donc illégal. Sous l'effet du développement de la publicité, cet usage s'est généralisé, tout en restant illégal. Dès lors, pour que les conditions de travail et d'emploi des enfants soient réglementées, la reconnaissance comme travail salarié assorti de droits est de plus en plus envisagée au nom de la protection de l'enfance. Simultanément, les forces du marché et l'internationalisation du marché de la mode et de la publicité, contre lesquelles il serait impossible de lutter, sont des arguments émis pour légitimer le déplacement des frontières du travail enfantin acceptable. Retracer ainsi la genèse de la loi de 1990 permet de mettre au jour l'instabilité relative des frontières du travail au cours du temps et d'insister sur le poids des processus de marchandisation capitaliste dans la recomposition de ces frontières.

L'extension des frontières du travail marchand est aussi favorisée par le développement actuel des réseaux socionumériques (Facebook, Instagram…) étudié par **Marion Michel**. Cette dernière s'intéresse aux créatrices de contenus numériques écoresponsables qui demandent une rémunération aux entreprises dont elles promeuvent les produits écoresponsables auprès de leur communauté d'abonnées. À partir d'une enquête en ligne et hors ligne, qualitative et quantitative, elle met en évidence les critiques d'ordre moral émises à l'égard de cette marchandisation qui dénaturerait l'engagement militant des créatrices de contenus. L'authenticité de la démarche écoresponsable se trouverait ainsi corrompue par la transaction marchande. Ces critiques émanent des consommatrices de contenus mais aussi des entreprises dites écoresponsables qui ont un intérêt économique à amateuriser la pratique de création de contenus. Face à ce déni de travail, les créatrices de contenus déploient plusieurs stratégies de professionnalisation de leur activité. Elles cherchent à faire valoir leur expertise écoresponsable, à rendre visible le travail et les investissements (financiers notamment) fournis, mais aussi à définir des « bonnes pratiques » censées encadrer une concurrence loyale sur le marché de la prescription écoresponsable qu'elles souhaitent construire. Pour des raisons matérielles et symboliques, elles s'efforcent ainsi de faire reconnaître leur activité comme un travail. D'ailleurs, ces efforts de professionnalisation peuvent eux-mêmes être envisagés comme un travail (gratuit). Marion Michel propose en conclusion de les analyser comme une forme de travail aspirationnel (Duffy, 2017), c'est-à-dire un travail dont les retombées ne sont pas immédiates mais espérées dans le futur. En cela, les créatrices de contenus représentent bien les travailleuses des industries culturelles numériques qui acceptent des conditions de travail précaires dans l'espoir d'une situation future meilleure.

Le dernier article, de **Corinne Delmas**, adopte une autre perspective sur les frontières du travail et de l'emploi : il n'est plus question de les déplacer mais de les reconstituer pour contenir le travail dans des limites acceptables. L'article rend compte de la porosité des frontières du travail notarial sous l'effet de deux forces : la diversification des statuts d'emploi, caractérisée notamment par le développement du travail indépendant, et l'essor du télétravail depuis la crise sanitaire. En cela, le notariat constituerait un secteur exemplaire des évolutions contemporaines du travail. S'appuyant sur une enquête au long cours par observations et par entretiens, Corinne Delmas montre que ces transformations se traduisent par un brouillage des espaces et des temporalités entre le travail, d'une part, et le loisir et la famille, d'autre part. Les risques de débordement deviennent de plus ou plus nombreux, par exemple à travers la généralisation des horaires décalés. Ce brouillage est-il source de libération ou de fragilisation pour les travailleurs et travailleuses ? Tout dépend de leur capacité à circonscrire un temps et un espace de travail. Cette maîtrise spatio-temporelle est plus ou moins forte selon les métiers, les statuts mais aussi les profils sociodémographiques et les trajectoires. Le genre et les conditions d'existence (âge des enfants, rôle du conjoint, taille du domicile…) apparaissent particulièrement discriminants dans les manières d'appréhender la porosité entre travail et hors-travail. Le statut d'indépendant et le travail à domicile sont ainsi valorisés par des femmes ayant des enfants en bas âge, à l'image des Mompreneurs étudiées par Julie Landour (2016) qui valorisent fortement leurs tâches parentales. Parfois, la mise à distance du travail est plus radicale et passe par une sortie du notariat, à travers une reconversion professionnelle.

Les comptes-rendus de six ouvrages récents complètent les analyses proposées par les articles de ce numéro. Le premier, rédigé par Benjamin Saccomanno, synthétise le volumineux ouvrage *Troubles dans le travail. Sociologie d'une catégorie de pensée* (2021) de Marie-Anne Dujarier. Cette dernière retrace la multiplicité des significations du travail et met en évidence les contradictions qui jettent aujourd'hui le trouble sur la catégorie de travail. Les trois comptes-rendus suivants mettent précisément au jour des aspects spécifiques qui peuvent relever des catégories de travail et d'emploi. Celui de Thomas Coutrot sur *Le* Care, *théories et pratiques* (2021) d'Helena Hirata insiste sur l'intersectionnalité et la comparaison entre trois pays (Brésil, France et Japon) qui permettent à l'autrice d'exposer à la fois les spécificités nationales des emplois du *care* et les difficultés communément éprouvées par les travailleurs et les travailleuses du *care*. Le compte-rendu de Lucile Girard sur *La Régulation sociale du risque émotionnel au travail* (2020) publié par Thomas Bonnet attire l'attention sur un autre aspect du travail : les émotions et le risque émotionnel qui peut troubler le bien-être du travailleur ou de la travailleuse, et l'empêcher de mener à bien son travail. Alice Romerio, dans son récent ouvrage *Le Travail féministe. Le militantisme au Planning familial à l'épreuve de sa professionnalisation* (2022), dont Sophie

Rétif nous propose ici une synthèse, propose de qualifier de « travail féministe » du travail salarié, bénévole ou « militant » réalisé dans un cadre associatif et participant à l'institutionnalisation de la cause des femmes. Elle montre que la professionnalisation de ce travail féministe ne constitue pas un horizon automatique pour le Planning familial. Les deux derniers comptes-rendus traitent de livres qui s'intéressent aux phénomènes de marchandisation d'activités, notamment sous l'effet du développement des plateformes numériques. Le compte-rendu de Vincent Jourdain montre que ce sont des activités domestiques ou de loisir, telles que le tricot, les loisirs créatifs ou le *sexcaming*, et leur marchandisation qui sont étudiées dans l'ouvrage collectif en anglais *The Social Meaning of Extra Money : Capitalism and the Commodification of Domestic and Leisure Activities* (2019), coordonné par Sidonie Naulin et Anne Jourdain. La marchandisation peut notamment résulter de l'un des trois objectifs suivants : obtenir un revenu supplémentaire, épargner ou se professionnaliser pour vivre de l'activité. Le dernier compte-rendu, celui de Fabien Lemozy, présente *La Colonisation du quotidien. Dans les laboratoires du capitalisme de plateforme* (2021) de Patrick Cingolani. Ce dernier envisage les plateformes numériques comme les formes les plus abouties du capitalisme contemporain qui contribuent aux processus de précarisation et de dilution des notions de travail et d'emploi.

En conclusion, les textes de ce numéro montrent l'intérêt de porter le regard sur les frontières du travail et de l'emploi pour mieux analyser les effets des transformations contemporaines dans les sociétés du Nord telles que la France et les États-Unis. Décentrer ce regard pour analyser ces effets dans les pays du Sud, dans lesquels la question des frontières entre travail formel et travail informel se pose de manière accrue, est nécessaire pour éviter tout ethnocentrisme. C'est précisément l'objet du prochain numéro de *Socio-économie du travail.*

RÉFÉRENCES BIBLIOGRAPHIQUES

Abdelnour S., Méda D. (dir.), 2019, *Les Nouveaux travailleurs des applis*, Paris, PUF.

Arborio A.-M., 2016, « Visibilisation, invisibilisation du travail. Introduction », *in* José-Angel Calderón, Demailly, Muller (dir.), *Aux marges du travail*, Toulouse, Octares, p. 11-14.

Barraud de Lagerie P., Sigalo Santos L., 2018, « Et pour quelques euros de plus : Le *crowdsourcing* de micro-tâches et la marchandisation du temps », *Réseaux*, vol. 212, p. 51-84.

Beauvisage T., Beuscart J.-S., Mellet K., 2018, « Numérique et travail à-côté. Enquête exploratoire sur les travailleurs de l'économie collaborative », *Sociologie du travail*, vol. 60, n° 2, p. 1-22.

Benites-Gambirazio E., 2017, « Un travail sous tension. Les agents immobiliers américains entre affranchissement des contraintes salariales et marchandisation », *Tracés. Revue de Sciences humaines*, n° 32, p. 49-68.

Bernard, S., 2020, *Le Nouvel esprit du salariat : Rémunérations, autonomie, inégalités*, Paris : Presses Universitaires de France.

Boltanski L., Chiapello E., 1999, *Le Nouvel esprit du capitalisme*, Paris : Gallimard.

Broca S., 2017, « Le *digital labour*, extension infinie ou fin du travail ? », *Tracés. Revue de Sciences humaines*, n° 32, p. 133-144.

Brousse C., 2015, « Travail professionnel, tâches domestiques, temps “libre” : quelques déterminants sociaux de la vie quotidienne », *Économie et Statistique*, n° 478-479-480, p. 119-154.

Cardon D., Casilli A., 2015, *Qu'est-ce que le Digital Labour ?*, Paris : INA.

Chadeau A., Fouquet A., 1981, « Peut-on mesurer le travail domestique ? », *Économie et Statistique*, n° 136, p. 29-42.

Cléach O., Metzger J.-L., 2004, « Le télétravail des cadres : entre suractivité et apprentissage de nouvelles temporalités », *Sociologie du Travail*, vol. 46, n° 4, p. 433-450.

Collectif Rosa Bonheur, 2017, « Des “inactives” très productives. Le travail de subsistance des femmes de classes populaires », *Tracés. Revue de Sciences humaines*, n° 32, p. 91-110.

CRIMT, 2022, « Le travail de qualité comme pilier d'une meilleure société. La résilience des acteurs et le pouvoir de l'expérimentation », appel à communications pour le colloque du 27 au 29 octobre 2022 à HEC Montréal.

Delphy C., (1998)[1978], « Travail ménager ou travail domestique ? », *in* Delphy C., *L'Ennemi principal. 1, Économie politique du patriarcat*, Paris : Syllepse, p. 57-73.

Duffy B. E., 2017, *(Not) Getting Paid to Do What You Love : Gender, Social Media, and Aspirational Work*, New Haven : Yale University Press.

Dujarier M.-A., 2014, *Le Travail du consommateur : De Mac Do à eBay : comment nous coproduisons ce que nous achetons*, Paris : La Découverte.

Ferreras I., Battilana J., Méda D. (dir.), 2020, *Le Manifeste Travail. Démocratiser, démarchandiser, dépolluer*, Paris : Seuil.

Flichy P., 2017, *Les Nouvelles Frontières du travail à l'ère numérique*, Paris : Seuil.

Gadrey J., 2005, « Reconsidérer la richesse : Avec quels acteurs et quelles forces sociales ? ». *L'Homme & la Société*, vol. 156-157, p. 115-131.

Gadrey J., Jany-Catrice F., 2016, *Les Nouveaux indicateurs de richesse*, Paris : La Découverte.

Genin, E., 2017, « Le débordement du travail sur le temps personnel des cadres français », *Relations industrielles*, vol. 72, n° 4, p. 658–681.

Gollac M., 2012, « Les risques psychosociaux au travail : d'une "question de société" à des questions scientifiques. Introduction », *Travail et Emploi*, n° 129, p. 5-10.

Gomes B., 2018, « La plateforme numérique comme nouveau mode d'exploitation de la force de travail », *Actuel Marx*, vol. 63, p. 86-96.

Hély M. et Simonet M. (dir.), 2013, *Le Travail associatif*, Nanterre : Presses universitaires de de Paris Ouest Nanterre.

Hochschild A., 1983, *The Managed Heart*, Berkeley : University of California Press.

Ihaddadene F., Lopez Puyol E., 2021, « Le genre de l'intérêt général. Usages et (ré)appropriations différenciées du service civique », *Socio-économie du travail*, n° 9, p. 51-80.

Jany-Catrice F., Méda D., 2011, « Femmes et richesse : au-delà du PIB », *Travail, genre et sociétés*, vol. 2, n° 2, p. 147-171.

Kuehn K., Corrigan T. F., 2013, « Hope Labor : The Role of Employment Prospects in Online Social Production », *The Political Economy of Communication*, vol. 1, n° 1, p. 9-25.

Landour J., 2016, « Un auto-emploi pensé pour et par la famille ? Les Mompreneurs et le régime de l'auto-entrepreneur », *Socio-économie du travail*, n° 1, p. 95-124.

Mies M., 1988, *Patriarchat und Kapital. Frauen in der internationalen Arbeitsteilung*, Zürich : Rotpunktverlag.

Molinier P., 2013, *Le Travail du* care, Paris : La Dispute.

Naulin S., Jourdain A. (dir.), 2019, *The Social Meaning of Extra Money : Capitalism and the Commodification of Domestic and Leisure Activities*, Basingstoke : Palgrave Macmillan.

Ravenelle A., 2019, *Hustle and Gig : Struggling and Surviving in the Sharing Economy*, Berkeley : University of California Press.

Simonet M., 2018, *Travail gratuit : la nouvelle exploitation ?*, Paris : Textuel.

Stebbins R., 2007, *Serious Leisure : A Perspective for Our Time*, New Jersey : Transaction Publishers.

Terranova T., 2000, « Free Labor : Producing Culture for the Digital Economy », *Social Text*, vol. 18, n° 2, p. 33–58.

Tiffon G., 2013, *La Mise au travail des clients*, Paris : Économica.

Tiffon G., 2021, *Le Travail disloqué. Organisations liquides et pénibilité mentale du travail*, Lormont : Le Bord de l'eau.

Weber F., 1989, *Le Travail à-côté. Étude d'ethnographie ouvrière*, Paris : EMESS et INRA.

Zelizer V., 2005, *The Purchase of Intimacy*, Princeton : Princeton University Press.

LA GESTATION COMME TRAVAIL GRATUIT

Aux frontières du travail marchand et du travail domestique

Irène Berthonnet
Université Paris Cité, LADYSS
UMR 7533

Clémence Clos
Université Grenoble Alpes, CREG
et PACTE

Les sciences sociales féministes ont depuis longtemps montré que les femmes fournissaient un travail gratuit dans le cadre domestique (Delphy, 2013). Ce constat a été renouvelé dans les différents courants du féminisme matérialiste. Aujourd'hui, le concept de travail gratuit connaît un certain succès, puisqu'il a été élargi à des activités dépassant le strict cadre domestique et privé : par exemple le travail gratuit dans le cadre des stages (Perlin, 2012) ; du travail digital (Jarrett, 2015) ; ou du travail militant (Dunezat, 2016). Christine Delphy (2013) a montré que le travail semi-professionnel des femmes était lui aussi gratuit, même s'il permettait de vendre des marchandises sur le marché, l'enjeu du travail gratuit féminin n'étant donc pas celui de la reconnaissance de la valeur de la marchandise finale. Plus tard, les travaux sur le *care* ont mis en évidence que la frontière marchand/non marchand n'était pas pertinente pour penser les formes de services hyper personnalisés consistant à prendre soin d'un autre être humain, que ce soit dans le cadre familial ou dans le cadre d'un secteur professionnel (Dussuet, 2017). Plusieurs travaux montrent désormais que le travail gratuit des femmes peut aussi exister dans les organisations capitalistes en-dehors du secteur du *care* (Berthonnet et Clos, 2019) et également en-dehors du secteur des services (Alonzo, 2008). Enfin, le travail de Maud Simonet (2018) permet de réinscrire le travail gratuit dans une acception plus large en montrant qu'il touche également le travail marchand, c'est-à-dire le travail « rémunéré », et qu'il ne concerne pas uniquement les femmes. Cet article s'inscrit dans le cadre des analyses sur le travail gratuit pour montrer que le travail de gestation, qu'il prenne place dans la sphère marchande avec la gestation pour autrui (GPA)[1] ou dans la sphère domestique, n'est jamais reconnu et valorisé comme un travail.

Quelques travaux issus du féminisme matérialiste ont porté sur la conceptualisation d'un travail de production des êtres vivants, mais ceux-ci sont relativement anciens et restent disparates. Adrienne Rich construit une analyse multidimensionnelle de l'institution de la maternité, qui la conduit à parler de « travail forcé » (Rich, 1976) ; Paola Tabet (1985) affirme que le fait de porter un enfant est un travail similaire au travail intellectuel ou sportif, mobilisant le corps et l'esprit nuit et jour dans un but de création d'un produit fini dont nul ne connaît à l'avance les caractéristiques ; les sociologues Anne-Marie Devreux et Elsa Boulet considèrent dans leurs recherches sur la gestation des femmes que la gestation relève d'une activité productive (Devreux, 1988 ; Boulet, 2020). Plus récemment, avec le développement des nouvelles techniques de reproduction (NTR) et l'apparition de la GPA, la gestation a été pensée comme travail pour qualifier la contribution des gestatrices (Jouan et Clos, 2020). Bien que ces travaux saisissent la portée subversive de la conceptualisation de la gestation comme travail, ils ne cherchent pas à la développer plus avant. Ainsi, alors que maternité, gestation et accouchements sont des thématiques fréquemment discutées dans la société française (Luyssen, 2021), en particulier à l'heure de la récente loi qui permet la « PMA pour toutes », les étapes du travail de production des

1 La gestation pour autrui (GPA) fait partie des pratiques de procréation médicalement assistée (PMA). Il s'agit, pour une femme, de porter l'enfant d'un couple – ou d'une personne seule – dit « d'intention », qui pour diverses raisons ne peut pas porter l'enfant (infertilité, homosexualité masculine, autres). Cette grossesse peut intervenir à partir d'une insémination artificielle (fait de mettre le sperme du père d'intention – ou un don de sperme – dans l'utérus de la gestatrice dans le but de produire un fœtus) ou d'une fécondation *in vitro* (production d'un embryon en dehors de l'utérus à partir des gamètes des parents d'intention ou de dons de gamètes).

êtres vivants sont la plupart du temps considérées comme des mécanismes purement physiologiques, qui « œuvreraient sans le concours direct des femmes » (Hertzog, 2017). La perspective matérialiste, qui appréhende la gestation comme « activité productive » (Devreux, 1988) permettant la reproduction dans le temps de la force de travail est quasiment absente y compris de la littérature sur le travail gratuit féminin[2].

Cet article s'inscrit dans le cadre de cette définition de la gestation comme travail, relevant de la catégorie plus générale de travail procréatif (Tain, 2013 ; Mathieu et Ruault, 2017). Cette conceptualisation remplace alors l'interprétation de la grossesse comme état physiologique. Nous proposons d'interpréter ce travail comme un travail gratuit au sens de Maud Simonet (2018 ; 2019), c'est-à-dire un travail qui n'est pas reconnu en tant que tel, dont le produit est approprié par d'autre(s) que la productrice, et qui existe en dehors des droits sociaux et du travail normalement attachés au salariat. Pour ce faire, nous reviendrons sur la conceptualisation de la gestation comme travail (partie 1) pour montrer qu'il ne s'agit pas uniquement d'un état, mais bien d'une activité productrice. Les deux parties qui suivent s'intéressent à deux contextes nationaux et institutionnels différents (les États-Unis et la France) pour montrer que le travail de gestation n'est reconnu, ni comme travail marchand dans le cas de la GPA ni comme travail domestique. À partir d'une enquête portant sur les pratiques de rémunération des gestatrices des sept principales agences de GPA aux États-Unis, la deuxième partie met en évidence le travail gratuit dans le travail de gestation marchand. Notre démarche s'intéresse aux institutions socio-économiques qui construisent la spécificité de l'échange marchand en cas de GPA, comme l'ont déjà fait d'autres travaux portant sur des échanges à forte connotation morale (Zelizer, 2005 ; Trompette, 2008 ; Brasseur et Finez, 2020). Ensuite, bien que dans le cadre domestique la gestation représente un travail gratuit par définition, nous discutons dans une troisième partie l'absence de la gestation de la catégorie de travail

2 Le féminisme français a relativement peu traité la question du travail reproductif, dans la mesure où il identifie la maternité comme le creuset de l'oppression patriarcale (Descarries et Corbeil, 1994 ; Fortino, 1997). En revanche, la question de la fabrication de la force de travail est bien incluse dans la théorie de la reproduction sociale comme l'une des trois composantes du travail de reproduction sociale (Bhattacharya, 2017), mais elle n'y est que peu analysée comme telle. Nous revenons sur les apports de cette théorie dans la partie suivante.

domestique au sens de l'Insee (Institut national de la statistique et des études économiques). Cette absence pose question dans la mesure où la définition du travail domestique actuellement retenue par les enquêtes et publications de l'Insee ne permet pas d'exclure la gestation de ce périmètre. Ainsi, que la gestation ait lieu dans un contexte marchand (GPA) aux États-Unis ou domestique (gestation « pour soi ») en France, elle peut être pensée comme activité frontière du travail, qui n'est pas reconnue comme telle, ni par les institutions des marchés de la GPA, ni par les mesures officielles du travail domestique.

I. DE LA GROSSESSE COMME ÉTAT À LA GESTATION COMME TRAVAIL

Dès la préface de *L'origine de la famille, de la propriété privée et de l'État* paru en 1884, Friedrich Engels différencie la production des moyens de subsistance de la production des humains (et donc de la force de travail) et insiste sur le fait que la seconde tâche revient largement aux femmes dans le cadre de la famille. Bien que cet aspect n'ait pas été exploré plus avant par le marxisme originel, il a donné lieu à de nombreuses lectures féministes, qu'elles soient marxistes, socialistes ou matérialistes. En particulier, l'émergence de la théorie de la reproduction sociale a mis l'accent sur le travail reproductif, c'est-à-dire celui permettant de produire la force de travail (Vogel, 1983 ; Fraser, 2009 ; Bhattacharya, 2017 ; Arruzza *et al.*, 2019). La production de la force de travail mobilise de nombreuses formes de travail concret, parmi lesquelles celle qui a été récemment qualifiée de « travail procréatif » (Mathieu et Ruault, 2017).

I.1. DU TRAVAIL PROCRÉATIF AU TRAVAIL DE GESTATION

L'analyse de la fabrique des êtres humains reste assez peu questionnée jusqu'au développement des NTR, dont l'étude a permis de mettre en lumière le travail fourni par les femmes souhaitant devenir enceintes dans le cadre des différentes formes de PMA (Hertzog, 2017). L'émergence des NTR a également participé à montrer en creux l'existence d'un travail ordinaire de contrôle et de programmation de la fertilité, travail recouvrant « une pluralité de tâches » : contraception (Thomé et Rouzaud-Cornabas, 2017) ; avortement ; démarches à faire pour être enceinte (Mathieu et Ruault, 2017). Ainsi, les recherches sur les NTR ont abouti à la conceptualisation d'un « travail procréatif » (Mathieu et Ruault, 2017), désignant un des aspects du travail permettant la reproduction de la force de travail.

Cependant, l'accent mis sur les NTR ainsi que sur les enjeux de la contraception ont abouti à ignorer quelque peu le processus de gestation dans les différents aspects du travail procréatif, et le travail fourni par une femme enceinte n'a été que peu étudié. À la suite de Marie Mathieu et Lucile Ruault (2017) qui proposent de décomposer le travail procréatif en différents « postes de travail », nous proposons de qualifier dans ce qui suit la gestation comme l'un de ces postes, par opposition à une lecture de la grossesse comme état purement physiologique. La gestation désigne alors ce que fait la femme enceinte pendant les 9 mois approximativement nécessaires au développement d'un fœtus pour devenir un bébé. Ainsi, le travail de gestation renvoie à l'activité de la femme à partir du moment où la nidation a eu lieu et jusqu'au moment de l'accouchement mais n'inclut pas le travail à réaliser pour devenir enceinte, ni le travail parental.

I.2. LA GESTATION COMME TRAVAIL : LE DÉVELOPPEMENT DES FORCES PRODUCTIVES DANS LE DOMAINE DE LA PRODUCTION DES ÊTRES HUMAINS

Le développement des connaissances et des techniques sur la gestation humaine a abouti à la possibilité de mettre en place un travail de contrôle, rationalisation et optimisation qui doit être réalisé notamment par la femme enceinte. Ce travail ne diffère pas des autres formes de travail humain, qui ont commencé en n'ayant que le bras et la main comme outil et ont progressivement développé les forces productives permettant d'augmenter leur contrôle sur la nature (Plékhanov, 1904).

Les travaux sur les NTR ont déjà bien documenté la façon dont le développement des connaissances « biomédicales » et techniques ont permis d'accroître le contrôle de la fertilité (de La Rochebrochard, 2003), mais il faut noter que ces connaissances ont également participé à l'amélioration du contrôle de l'humanité sur la gestation. En témoignent l'apparition de nombreux guides et autres recueils de recommandations à l'usage des femmes enceintes, qui leur disent ou rappellent comment s'alimenter pour favoriser le développement d'un fœtus normal (éviter l'alcool et le tabac, manger de la viande et du poisson bien cuits, bien laver les légumes crus, éviter le lait cru et ses dérivés) ; quelles activités sportives pratiquer pendant la gestation et lesquelles éviter, par exemple. Ces connaissances portent aussi sur les risques identifiés pour la santé des femmes pendant la gestation (diabète gestationnel ; décalcification des dents ; anémie ; etc.) et permettent de proposer des compléments alimentaires adaptés aux femmes enceintes. On peut penser également aux différentes techniques d'accouchement imaginées pour diminuer la douleur de la parturiente, mais aussi pour limiter les dommages collatéraux sur le corps féminin, tout en favorisant la possibilité de grossesses futures. La meilleure preuve du développement de ces connaissances et techniques est la baisse de la mortalité en couches, qui s'amorce au XVIIe siècle. Notons que cette baisse n'est pas linéaire et ne suit pas celle de la mortalité générale, ce qui prouve bien qu'elle est liée au développement de connaissances spécifiques au sujet[3]. C'est seulement à partir du milieu des années 1930 que la mortalité en couches commence à véritablement décliner dans les pays occidentaux pour lesquels il existe des données (Loudon, 1992).

Bien sûr, il est possible de mener une grossesse à terme avec une parturiente et un enfant en bonne santé sans effectuer tout ou partie de ce travail (puisque les dénis de grossesse « tardifs » peuvent également aboutir à la naissance d'un bébé en bonne santé avec une femme également en bonne santé), mais le développement des connaissances et techniques disponibles permettent de réaliser le travail de gestation le mieux possible, à la fois pendant la gestation et pour la santé future des deux humains en jeu dans ce travail. En ce sens, la gestation est bel et bien une mise en mouvement délibérée de l'énergie humaine pour agir sur la nature et se l'approprier sous une forme utile à la vie, c'est-à-dire, un travail (Marx, 1983).

---

3 Parmi ces connaissances, on peut citer la découverte du rôle joué par la fièvre ou infection puerpérale, évitable grâce au lavage des mains des médecins pratiquant l'accouchement et traitable grâce à l'introduction d'antibiotiques efficaces contre les bactéries streptococciques (Coulon-Arpin, 1982).

I.3. LA GESTATION COMME TRAVAIL : UN TRAVAIL DU CORPS ET DE L'ESPRIT

Lors de la grossesse, la plupart des femmes constatent une moindre énergie disponible pour les activités qu'elles souhaitent exercer[4] et les épidémiologistes considèrent depuis longtemps que la gestation impacte la « charge de travail » générale des femmes, impact d'ailleurs mesuré par des indicateurs spécifiques (Daune-Richard et Devreux, 1992).

Cette dépense d'énergie relève à la fois d'un travail du corps et d'un travail de l'esprit. Une littérature récente s'intéresse au « travail du corps » dans des contextes qui ne sont pas ceux du travail salarié et de l'emploi, pour qualifier l'activité des sportifs (Queval, 2008 ; Vallet, 2017) ou encore l'anorexie (Darmon, 2014). Ce travail des corps dans l'anorexie est décrit par Muriel Darmon à la fois comme un travail « en pour » et « en contre », c'est-à-dire au service d'un objectif qu'on se fixe et contre les habitudes de vie incompatibles avec l'objectif à atteindre. Ce travail nécessite ainsi un contrôle sur l'ensemble de la vie quotidienne (alimentation, sommeil, dépense d'énergie), qui s'apparente à une véritable charge mentale (Haicault, 1984) et qui n'est pas sans rappeler celui que nous avons décrit plus haut pour les femmes enceintes.

De même, la vaste littérature existant sur le travail de *care* (Tronto, 2003 ; Glenn, 2010 ; Molinier, 2013 ; Hirata, 2021) a mis en évidence que le fait de prendre soin des autres (dans le cadre privé ou marchand) repose non seulement sur les tâches effectivement réalisées, mais aussi et même surtout sur une personnalisation de la relation, qui implique une « préoccupation » constante (Dussuet, 2013). Cette préoccupation est au cœur de la définition de la charge mentale que constitue le travail domestique et parental, impliquant une disponibilité constante nécessaire pour s'adapter aux besoins spécifiques de l'individu qui en bénéficie, bien qu'invisible à l'observateur extérieur. Le travail de *care* désigne le soin apporté, entre autres, par les femmes aux enfants. Soins qui prennent des formes matérielles, et psychiques, émotionnelles. Si ce travail de *care* à destination des enfants est le plus souvent utilisé pour les enfants « nés », rien n'empêche théoriquement d'aborder la fabrication

---

4 Le phénomène inverse peut aussi se produire, sous l'effet d'une stimulation hormonale, de la même manière qu'après l'accouchement, il est fréquent que les femmes ressentent une absence totale de fatigue, sous l'effet de l'adrénaline secrétée au moment de la naissance (Forsum et Löf, 2007).

de l'enfant comme un travail de *care.* C'est d'ailleurs notamment du travail de *care* qu'a rapidement été rapproché le travail de gestation dans le cadre de la GPA (Pande, 2010).

I.4. LA GESTATION COMME TRAVAIL : LA CONCEPTUALISATION POLITIQUE PORTÉE PAR LA GPA

Dès les années 1980 et les premiers débats autour de la mise en place de marchés de GPA, une partie des travaux de recherche ont mobilisé la catégorie de « travail » pour qualifier l'activité à laquelle s'adonnent les gestatrices. Tout comme ce fut le cas dans le cadre du travail domestique (Haicault, 1984 ; Windebank, 1994 ; Vogel, 2008) ou encore du travail sexuel (McClintock, 1993 ; Comte, 2010), l'usage de cette catégorie était politique avant d'être scientifique : il visait à faire reconnaître ce qui n'était jusqu'alors pas reconnu, mettant en avant une « subversivité » des femmes au travail (Galerand et Kergoat, 2008). La catégorie « travail » est alors utilisée pour avoir accès à ou faire reconnaître des droits ; et dans un contexte de GPA (Jouan et Clos, 2020), il a eu pour objet de défendre les droits des gestatrices en tant que travailleuses. D'un côté, une approche libérale a défendu la catégorie de travail en considérant qu'au nom de la liberté, chacune était libre de disposer de son corps (Shalev, 1989 ; Purdy, 1989). D'un autre côté, la catégorie de travail de gestation a été mobilisée dans une approche marxiste insistant sur l'exploitation des femmes aliénées dans ce travail, dans l'optique de faire reconnaître l'exploitation dont elles sont victimes (Vora, 2009 ; Pande, 2009, 2010, 2014 ; Twine, 2015). Cette conceptualisation politique du travail de gestation a pour but de s'opposer à une lecture de la GPA en termes de marchandisation proposée par exemple par Sharp (2000) ou par Segalen (2017). Dans le cas spécifique de l'Inde, il s'agissait aussi de défendre un éventuel mode d'émancipation des femmes pauvres par la GPA (Choudhury, 2015), la catégorie travail permettant alors de faire reconnaître une activité et de défendre la GPA comme moyen de sortir de la misère pour certaines femmes (Pande, 2009 ; Vora, 2009).

De nombreux arguments permettent de conceptualiser la gestation comme un travail. Cependant, cette activité n'est jamais pensée ni reconnue comme telle, ni dans le cadre d'une gestation opérant dans un rapport marchand (la gestation pour autrui), ni dans le cadre d'une gestation réalisée dans l'espace domestique. Les sections suivantes visent à mettre en évidence que plus qu'un travail impensé comme tel, la gestation s'apparente plutôt à un travail dénié et à un travail gratuit.

II. UN TRAVAIL COMPENSÉ MAIS PAS RÉMUNÉRÉ : LE CAS DE LA GESTATION POUR AUTRUI

Dans le cadre de la GPA, la grossesse fait l'objet d'une transaction monétaire allant du ou des parents d'intention vers différents acteurs du processus (avocat et avocates, personnel médical, assurances, et éventuellement la gestatrice). Le plus souvent cette transaction monétaire est intermédiée par une agence de GPA, qui organise ces transactions monétaires et prélève pour ce faire des frais d'agence. En fonction des pays et selon la législation, la GPA peut être dite « altruiste » ou « commerciale ». Dans le cas de GPA altruistes, la loi interdit à la gestatrice de recevoir une compensation monétaire pour la grossesse (Canada, Inde, Grèce entre autres). Pour les GPA commerciales, la gestatrice reçoit une somme d'argent au titre de la gestation, somme nommée « compensation » (certains États des États-Unis[5]). Nous allons montrer que dans les deux cas, le travail de gestation s'apparente à un travail gratuit au sens de Maud Simonet (2018 ; 2019). Cela est flagrant dans le cas de GPA altruistes, où les gestatrices ne reçoivent aucune compensation pour leur travail (2.1.). Mais nous montrerons à partir d'une étude du marché états-unien de la GPA que même dans les cas de GPA commerciales qui prévoient que les gestatrices soient compensées (*compensated*)[6] pour la gestation, les institutions organisant le marché de la GPA empêchent la reconnaissance de la gestation comme travail en tant que tel : la compensation perçue ne peut pas être considérée comme un salaire (2.2.) ; et les conditions encadrant l'accès à l'exercice de l'activité de gestatrice empêchent de considérer celle-ci comme un

5 Aux États-Unis, la GPA relève du droit de la famille qui n'est pas un droit fédéral, mais un droit qui varie selon les États. Par ailleurs, certains États des États-Unis interdisent la GPA (Louisiane ; Nebraska ; Michigan). Pour faciliter la lecture, nous ne le précisons pas à chaque fois.

6 Nous utilisons volontairement le terme employé par l'ensemble des agences de GPA.

travail (2.3.). C'est finalement le statut social de la compensation perçue par les gestatrices en cas de GPA commerciale que nous interrogeons, à travers l'étude des normes régulant le marché de la GPA aux États-Unis.

II.1. « *FOR LOVE BUT NOT FOR MONEY*[7] » : LES GESTATRICES « ALTRUISTES »

La GPA dite « altruiste » incarne des positions classiques et anciennes concernant les activités de femmes qui devraient être faites par amour et non pour l'argent (Anleu, 1992). Plusieurs pays autorisent la GPA à condition qu'elle soit altruiste, c'est-à-dire que les gestatrices ne perçoivent pas de compensation pour leur travail de gestation, ce qui garantit dans l'esprit de la loi que la gestation ne soit pas intéressée. La pratique de GPA altruiste n'empêche pas l'existence de transferts monétaires entre le(s) parent(s) d'intention et la gestatrice, mais ces transferts se résument à une prise en charge des frais liés à la gestation, le plus souvent sous la forme d'un remboursement possible uniquement sur justificatifs : achat de vêtements, déplacements à l'hôpital, ou compensation d'un éventuel salaire perdu du fait de la gestation, par exemple. Cependant, une GPA altruiste prévoit que la gestatrice ne peut pas gagner d'argent avec l'activité de gestation. En Grèce, par exemple, les remboursements perçus par les gestatrices sont bornés : les indemnités totales perçues au titre des jours de travail salarié perdus du fait de la grossesse ne peuvent pas dépasser 10 à 12 000 euros[8]. Au Canada, ce seuil est de 22 000 dollars canadiens, sous réserve de justificatifs et la GPA ne doit « comporter aucun avantage financier pour la gestatrice[9] ».

Deux raisons principales sont avancées pour empêcher une rémunération de la gestation, arguments que l'on retrouve dans les publications scientifiques critiques de la GPA (Lafontaine, 2014 ; Floyd, 2017) et dans les débats publics. D'une part, dans une approche plutôt attentive aux inégalités de genre, de classe et de race (Floyd, 2017), on considère que cela créerait une trappe à pauvreté, attirant des femmes pauvres louant leur corps pour sortir de la misère. D'autre part, dans une approche

7 Référence à l'article de Sharyn Roach Anleu (1992) : « Surrogacy : for love but not for money ».

8 Voir https://www.francetvinfo.fr (consulté le 20/07/2022) ; https://babygest.com/fr (consulté le 20/07/2022).

9 https://www.canada.ca (consulté le 20/07/2022)

cette fois plus conservatrice, le fait de rémunérer la gestatrice l'inciterait à faire ce don pour de mauvaises raisons, c'est-à-dire par cupidité, plutôt que par amour et altruisme (Anleu, 1992). Cependant, les médecins qui pratiquent la ponction ovocytaire sur la mère d'intention ou sur la donneuse, les biologistes qui manipulent les gamètes et fabriquent les ovocytes, les juristes qui établissent les contrats ou les agences qui assurent le recrutement des gestatrices n'ont pas besoin de faire preuve d'altruisme : seules les gestatrices sont concernées. Un des éléments qui permet de caractériser le travail fait par les femmes réapparait ici : que ce soit le travail domestique, ou une partie du travail salarié dans le cadre du *care*, les femmes doivent toujours fournir du travail gratuit au nom de l'amour. Exiger une rémunération pour ce travail les rend suspectes de le faire pour de mauvaises raisons (Simonet, 2018). Dans ce premier cas de GPA dite altruiste, il n'y a pas de doutes : non seulement le travail de gestation est gratuit et il ne fait l'objet d'aucune rémunération, de quelque forme que ce soit ; mais le travail n'y est pas reconnu comme tel, il s'agit d'un don fait par la gestatrice, qualifié d'altruiste.

II.2. SALAIRE, INDEMNISATION, COMPENSATION ? LE STATUT DE L'ARGENT VERSÉ AUX GESTATRICES DANS LES GPA « COMMERCIALES »

Pour étudier la GPA commerciale, nous avons compilé et traité des données socioéconomiques sur le secteur de la GPA aux États-Unis, où les GPA se sont développées au même moment que les premières fécondations *in vitro*, dans les années 1980. Aujourd'hui, il y a entre 1 000 et 1 500 naissances par GPA par an aux États-Unis. Les contrats de GPA relèvent du droit de la famille et leurs modalités diffèrent donc selon les États. Ils peuvent être établis de gré à gré entre parents d'intention et gestatrices, ou être intermédiés par des agences (*surrogacy agencies* ou *surrogacy facilitators*). Vu la complexité des procédures et le risque attachés à ces contrats, ainsi que la croissance régulière du marché, les agences jouent un rôle important en proposant une mise en relation entre gestatrices et parents d'intentions ainsi qu'une intermédiation de l'ensemble du processus (sur les aspects médicaux, juridiques et économiques).

Pour étudier les transferts monétaires associés aux contrats de GPA aux États-Unis, nous avons donc choisi d'étudier les pratiques des principales agences états-uniennes de GPA et non simplement la législation.

Notre étude porte sur 10 agences de GPA (*cf.* Annexe), que nous avons identifiées grâce aux 3 classements en ligne de ces agences disponibles à ce jour : le classement d'une ONG (Organisation non gouvernementale) australienne, qui se qualifie elle-même de « *Trip Advisor for Surrogacy* » comptant 21 agences[10] ; le classement d'un réseau d'agences californien évaluant 30 agences[11] ; le classement d'une communauté d'usagers de la GPA référençant 136 agences[12]. Notre échantillon est constitué des 7 agences apparaissant dans les 3 classements, auxquelles nous avons ajouté les agences récentes qui participent à la mise en production d'un nombre annuel de bébés supérieur à la moyenne de production des agences (56 bébés/an[13]) qui figurent dans au moins 2 classements sur 3, soit 3 agences. Nos 10 agences représentent au moins 785 naissances par an, soit la moitié des naissances annuelles par GPA[14].

Pour les gestatrices, ces 10 agences proposent des *compensation packs* qui regroupent l'ensemble des transferts monétaires auxquels l'activité de gestation donne droit, pour un montant total variant entre 30 et 70 000 dollars, en fonction de l'agence, du lieu de vie et de l'expérience de la gestatrice (à savoir le fait d'avoir déjà travaillé en tant que gestatrice pour autrui). Comme dans le cas de la GPA altruiste, les gestatrices perçoivent une somme qui couvre les frais nécessaires pour la grossesse, mais ici elles reçoivent également une somme « pour elles ». Cette somme que les agences nomment *compensation*, et qui correspondrait dans le droit français à une compensation[15] ou à une indemnité[16], pourrait laisser penser qu'il s'agit d'une rémunération du travail de gestation, comme cela a d'ailleurs été suggéré (Spar, 2006), mais ce n'est pas le cas. La

10 https://www.growingfamilies.org (consulté le 20/07/2022).

11 https://surrogacynetwork.org (consulté le 20/07/2022).

12 Classement fourni sous forme de pdf sur inscription dans la communauté.

13 Notre calcul, à partir des données fournies par les agences.

14 Pour 3 de nos agences, les chiffres ne sont pas disponibles (*cf.* Annexe).

15 « Un mécanisme juridique qui consiste à remettre à quelqu'un une valeur ou un bien en réparation d'une prestation voire, en réparation d'un dommage. » https://www.dictionnaire-juridique.com (consulté le 20/07/2022)

16 « Dans son sens premier, l'"indemnité" est une compensation financière destinée à réparer un dommage. "Indemnisation", "dédommagement" et "réparation" sont synonymes. L'utilisation de ces mots se réfère à toutes sortes de règlements sans égard au type de dommage subi, qu'il soit corporel, moral, ou patrimonial, ni au fait que la somme puisse trouver sa cause dans une relation contractuelle, quasi-contractuelle ou statutaire, ou dans une situation délictuelle ou quasi-délictuelle. », https://www.dictionnaire-juridique.com (consulté le 20/07/2022).

compensation n'est pas une rémunération. À partir de l'étude des packs de compensation proposés par les 10 principales agences états-uniennes, nous avons catégorisé ce que recouvrent ces sommes qui sont versées aux gestatrices.

1. Une partie de base fixe sert à installer la gestatrice au mieux. Cette base dépend de la gestatrice (âge, expérience, niveau d'études), mais aussi de l'endroit où elle vit, puisqu'elle prend en charge une partie du loyer, donc dépend du lieu de résidence.
2. À cette base s'ajoute un versement mensuel (autour de deux cents dollars) couvrant les menues dépenses liées à la gestation : déplacements, essence, les factures de téléphone éventuelles liées à la GPA. À cela s'ajoute une somme destinée à couvrir les frais des vêtements de grossesse.
3. Une partie de la compensation est liée à l'inconfort et aux risques liés à la grossesse : la césarienne fait l'objet d'une compensation, les examens complémentaires, les procédures médicales dites invasives (amniocentèse, révision utérine, etc.).
4. Une autre partie est liée à la compensation pour la gestatrice du travail gratuit et rémunéré qu'elle ne peut plus faire. Sont ainsi remboursés des frais de ménage ou encore de garde d'enfants : une condition pour être gestatrice est d'avoir déjà donné naissance à un enfant que la femme élève. Le(s) parent(s) d'intentions et agences acceptent donc de compenser le fait qu'une fois enceintes, elles ne puissent plus s'occuper autant de leurs enfants. Le travail rémunéré est également compensé sur des périodes qui correspondent approximativement à un congé maternité (quelques semaines avant l'accouchement, quelques semaines après, ce temps étant variable en fonction du déroulé de l'accouchement). Aux États-Unis, la loi fédérale *Family & Medical Leave act*, autorise un congé maternité de 12 semaines[17], non rémunéré. De la même manière, le conjoint ou la conjointe peut également bénéficier de compensation proportionnelle à la perte salariale subie s'il ou elle reste avec la gestatrice quelques jours.

17 À conditions d'être salariée depuis au moins 12 mois, avoir travaillé plus de 1 250 heures pendant ces 12 mois dans une entreprise de 50 employés ou plus.

5. Le reste du pack de compensation est censé être « pour la gestatrice », et pourrait correspondre à un paiement de son travail. Il est difficile de savoir ce qui reste effectivement aux gestatrices après avoir soustrait l'ensemble des points (1) à (4) du montant global de la compensation. Les agences ne communiquent pas sur ces montants, qui sont par ailleurs également influencés par les arrangements et les négociations individualisées pour chaque gestatrice[18].

Le fait qu'une partie du pack de compensation aille directement à la gestatrice et ne soit catégorisée dans aucune des rubriques listées ci-dessus pourrait laisser penser qu'elle est destinée à rémunérer le travail de gestation. Cependant, il existe aux États-Unis une loi fédérale interdisant la vente d'organes et de parties du corps humain[19] qui implique que les transferts monétaires ayant lieu dans le cadre de la GPA ne peuvent correspondre au prix des différents éléments corporels qui circulent, qui ne sont pas juridiquement considérés comme des marchandises. Si les dons de gamètes ou la gestation font l'objet d'une compensation, ce n'est donc pas au titre d'un processus de production mais plutôt pour couvrir les coûts d'opportunités auxquels les différents donneurs sont exposés : temps, perte de salaire, risques physiologiques (Merchant, 2017, p. 421). Cependant, le fait de lier la somme transférée à une compensation des coûts d'opportunité ne permet pas de considérer la somme transférée comme une réelle rémunération du travail.

D'abord, cette compensation ne peut pas être considérée comme un salaire puisqu'elle n'est associée à aucun droit à congé et ne contient pas de part socialisée, notamment pour le chômage. Bien que les États-Unis n'aient pas une couverture sociale associée au salariat aussi étendue qu'en France, ce qui constitue le « salaire » n'y est pas simplement un transfert d'argent. Ensuite, les termes des contrats de GPA sont réglementés par le droit de la famille et non le droit du travail : ils sont négociés au cas par cas et chaque gestatrice pourra négocier avec son avocat les montants de son pack, en dehors de tout droit du travail. De plus, cette somme est la plupart du temps perçue en un bloc, à l'issue de la gestation. Une seule des agences de notre échantillon propose un

18 Au-delà des éléments détaillés ici, chaque couple de gestatrice-parent(s) d'intention écrit un contrat spécifique à l'aide d'un avocat, et ces contrats prennent en compte des négociations propres à chaque gestation.

19 *The National Organ Transplant Act* (1984, Pub.L. 98–507), 19 octobre 1984.

paiement échelonné et mensualisé pendant la durée de la grossesse, et elle le présente comme une innovation qui lui permet de se positionner comme une des « meilleures » agences de GPA. C'est d'ailleurs une des deux agences qui rémunèrent le mieux les gestatrices. Ainsi, le versement de cette partie de la compensation s'apparente plutôt à un paiement à la tâche, contradictoire avec la logique du salariat ainsi qu'avec la logique de subordination constitutive du salariat. En effet, la gestatrice ne se trouve pas dans une relation de subordination avec les parents d'intention ni avec les agences de GPA : aucun des deux ne peut décider de l'usage du temps de la gestatrice pendant la gestation et symétriquement, elle ne peut pas faire grève, par exemple. Enfin, comme l'indique Maud Simonet (2018 ; 2019), l'existence d'une compensation financière est compatible avec le travail gratuit : les stages ou services civiques, sur la base desquels a été développé le concept de travail gratuit (Simonet 2018), impliquent également une indemnité qui n'ouvre pas les mêmes droits que le salariat. D'ailleurs, les agences de GPA de notre échantillon ne délivrent pas de Formulaire 1099 (*1099 Form*) aux gestatrices, formulaire qui permet aux états-uniens de déclarer tous les revenus qui ne correspondent à aucune autre catégorie de revenus stabilisée. Finalement, le point commun des différentes formes de travail gratuit est qu'elles sont supposées être exercées au nom de valeurs extra-économiques, justifiant de ne pas « réclamer » de salaire : travailler pour l'amour ou par « engagement citoyen », pas pour l'argent. Pour n'importe quel autre travail, nous dirions à juste titre, qu'une compensation n'équivaut pas à une rémunération.

II.3. UN TRAVAIL DONT ON NE DEVRAIT PAS POUVOIR VIVRE

La compensation accordée à la gestatrice s'inscrit même dans un cadre contraignant les caractéristiques des femmes qui s'engagent dans cette activité. Ce cadre est destiné à garantir l'acceptabilité morale de la pratique de GPA, ce qui là encore n'est pas le cas des autres échanges monétaires impliqués dans cette pratique. Ce cadre contraint construit la transaction comme compensation plutôt que comme salaire, et même comme une construction institutionnelle déniant le caractère de travail à l'activité de gestation. Nous avons montré dans la sous-partie précédente que la compensation associée aux GPA commerciales n'était pas un salaire, et nous ajoutons ici que les institutions qui encadrent la GPA construisent le fait que les gestatrices ne doivent pas pouvoir vivre de ce travail[20]. En effet, parmi les institutions du marché de la GPA destinées à empêcher que la gestation soit un travail rémunéré, il y a l'obligatoire sélection des gestatrices en fonction d'un profil socioéconomique garantissant qu'elles ne sont pas en situation de pauvreté : les femmes ne sont acceptées qu'à la condition de ne pas dépendre de quelconques aides gouvernementales pour leur subsistance individuelle (7 agences sur 10 le disent explicitement sur leur site). Par exemple, l'agence Simple Surrogacy LLC expose la condition suivante pour être recrutée comme gestatrice :

> Être dans une situation économique stable (une vérification d'adresse remontant à 7 ans et effectuée pour toutes les gestatrices, mais vous n'êtes pas obligée d'avoir vécu à la même adresse pendant 7 ans) et ne pas être bénéficiaire de l'aide sociale (pas de transferts d'argent, pas de logement subventionné). (notre traduction)[21]

Tout comme Surrogacy Alternatives Inc, qui précise :

> Chez Surrogacy Alternatives, il est primordial que toutes nos gestatrices soient dans une situation financière stable et ne dépendent pas d'aides gouvernementales. C'est important pour nous parce que nous devons nous assurer qu'elles deviennent gestatrices pour de bonnes raisons et non seulement pour les fonds qu'elles vont recevoir. (notre traduction)[22]

Ainsi, les gestatrices ne doivent pas candidater pour « gagner leur vie » (Spar, 2006). D'un point de vue moral, la compensation de la GPA ne peut pas être un revenu dont on vit, même aux États-Unis, pays pourtant censé incarner la version libérale de la GPA (Jacobson, 2016). Le travail de gestation devrait donc être un travail duquel on ne doit

---

20 Ce n'est pas la question ici, mais les gestatrices doivent également se soumettre à d'autres critères pour être sélectionnées, critères de santé, de poids, de comportements alimentaires, de santé mentale, de critères socioéconomiques.

21 « *Be in a stable living situation (7 year address verification is completed on all Surrogates) (you don't have to live in the same place for 7 years) & Not be on public assistance (Does not receive cash assistance, welfare, public housing and section).* » site internet https://simplesurrogacy.com/surrogates/ (consulté le 25/10/2022).

22 « *It's very important to Surrogate Alternatives that our surrogate mothers are financially stable and not collecting government assistance. The reason that this matters to us it that we have to make sure they are becoming a surrogate mother for the right reasons and just not solely on the funds they will receive.* » site internet https://www.surrogatealternatives.com/become-a-surrogate/ (consulté le 23/10/2022).

pas pouvoir vivre. Il s'agirait d'un travail de reproduction, un travail dont on dit aux travailleuses de le faire sans pouvoir leur permettre d'en tirer de quoi subvenir à leurs propres besoins.

III. L'INVISIBILISATION DU TRAVAIL DE GESTATION : LE CAS DU TRAVAIL DOMESTIQUE

Si la gestation est déniée comme travail dans le cadre de GPA, c'est aussi parce que cette activité, banale dans le cadre domestique, n'y est jamais non plus pensée comme telle. Depuis les années 1970, plusieurs approches ont théorisé le travail domestique comme un travail en tant que tel, c'est-à-dire une activité prise dans un rapport social spécifique et faite pour d'autres que soi-même (Delphy, 2013) ou encore comme une activité contribuant à la production de la force de travail et donc participant à l'accumulation du capital (Dalla Costa et James, 1972). La conceptualisation des tâches ménagères et parentales comme véritable *travail* domestique est l'un des principaux apports théoriques des féminismes matérialistes.

Cependant, l'activité de gestation y est relativement peu traitée. Le féminisme matérialiste français a peu traité la question du travail procréatif, dans la mesure où il identifie la maternité comme le creuset de l'oppression patriarcale (Descarries et Corbeil, 1994 ; Fortino, 1997). Parallèlement, au Canada, un courant de la sociologie féministe a beaucoup traité de la question de la maternité (Descarries et Corbeil, 2002), sans toutefois se focaliser principalement sur la question de la procréation et de la gestation. La théorie nord-américaine de la reproduction sociale considère explicitement la gestation comme une des trois composantes du travail de reproduction sociale (Bhattacharya, 2017), mais elle n'y est que peu analysée comme telle. Ainsi, malgré quelques analyses pionnières de la gestation (Rich, 1976 ; Tabet, 1985 ; Devreux, 1988), le thème a été peu étudié, en particulier par comparaison avec celui du travail ménager ou parental. La quasi-absence de travaux académiques rattachant le travail de gestation au travail domestique, couplée avec la difficulté des femmes enceintes elles-mêmes à conceptualiser leur grossesse comme un travail de gestation (Devreux, 1988), explique que la gestation ne soit pas plus considérée comme une composante du travail domestique qu'elle ne l'est comme composante du travail marchand de gestation pour autrui. Alors que des mesures chiffrées du travail domestique sont régulièrement produites et diffusées par les instituts de statistiques nationaux, celles-ci restent silencieuses sur le travail de gestation. À notre connaissance, aucun travail ne s'est encore intéressé aux raisons pour lesquelles la gestation n'est pas incluse dans les mesures statistiques du travail domestique. C'est ce que nous nous proposons de faire ici, à partir de l'étude du périmètre du travail domestique tel qu'il est défini par l'Insee à partir des enquêtes *Emploi du Temps*, donc dans le contexte national français. Cependant, une comptabilité du travail domestique similaire existe aux États-Unis et n'inclut pas non plus la gestation dans le travail domestique[23], alors même que la GPA y est autorisée dans certains États.

III.1. LE PÉRIMÈTRE DU TRAVAIL DOMESTIQUE DANS LES ENQUÊTES INSEE

Dans les années 1970, mouvements et théories féministes se sont attelés à faire reconnaître le travail domestique comme un travail en tant que tel. Cela signifie à la fois que les tâches domestiques sont un travail au sens où elles diffèrent d'autres activités également faites chez soi (se reposer, lire, manger, regarder la télévision…), et aussi que ces activités sont effectuées dans le cadre d'un rapport social spécifique, pour soi-même et pour d'autres (Delphy, 2013). La reconnaissance du travail domestique comme travail a autorisé les concepts de travail et de production à déborder pour la première fois le cadre strictement marchand ou capitaliste (Daune-Richard et Devreux, 1992). C'est ainsi qu'en 1981, le travail domestique fait son entrée dans le domaine de l'économie et des statistiques, avec la parution de la première étude qui propose une estimation monétaire de la valeur du travail domestique, rapportée au PIB (Produit intérieur brut) (Chadeau et Fouquet, 1981). Si la mesure du temps passé aux activités domestiques existait depuis les années 1940, celle-ci était restée assez confidentielle, et c'est bien le fait de traduire ces activités en valeur monétaire qui a permis de donner

23 À notre connaissance, aucune comptabilisation du travail domestique n'inclut le travail de gestation à ce jour.

un retentissement à cette question en économie (Fouquet, 2001). La comptabilisation monétaire du travail domestique commence alors à s'imposer, culminant avec le rapport Stiglitz-Sen-Fitoussi en 2009, qui affirme ce que des économistes féministes disaient déjà depuis longtemps (par exemple, Waring, 1988), à savoir que le travail domestique contribue au bien-être des sociétés. Forte de ce succès, la valorisation monétaire du travail domestique s'impose et devient un élément incontournable de la production de la statistique publique. Cette évaluation est réalisée grâce aux enquêtes de type « budget-temps », reposant sur une méthodologie inspirée des travaux d'Alexander Szalai (1972) et plus tard de Jonathan Gershuny (2000), qui ont permis d'harmoniser ces enquêtes au niveau européen, dans le cadre d'Eurostat. En France, l'enquête *Emploi du Temps* collecte ainsi des données déclaratives sur la façon dont les individus organisent leur temps[24], permettant d'analyser et de quantifier les pratiques de la vie quotidienne, et de documenter les usages du temps suivant un découpage en quatre grandes catégories : travail professionnel, repos, travail domestique, loisirs. Le travail domestique est mesuré à partir des déclarations des personnes enquêtées. Cela nécessite d'identifier les tâches domestiques qui en relèvent, pour les distinguer des temps de travail marchand, et du temps physiologique. Ainsi, le travail domestique est défini par une liste d'activités, sélectionnées parmi un ensemble d'activités déclarées par les individus (Roy, 2011 ; Ricroch, 2012). La théorisation du travail domestique comme rapport social est abandonnée, au profit d'une mesure du temps de travail domestique et surtout de sa valeur traduite en monnaie et rapportée au PIB qui se base sur une liste d'activités.

La question des frontières du travail domestique va alors se trouver au centre de la constitution de cette liste d'activités, dans la mesure où certaines activités sont susceptibles de relever de plusieurs catégories. Le travail domestique est défini par opposition au travail marchand et au temps physiologique, et les critères qui sont systématiquement retenus pour définir une tâche comme du travail domestique sont ceux de l'existence d'un équivalent marchand (rendu nécessaire par le fait qu'on veut mesurer la valeur du travail domestique) et la possibilité de déléguer ce travail à autrui, par opposition au temps physiologique, qui

24 Voir https://www.insee.fr/fr/metadonnees/source/serie/s1224 pour plus d'informations (consulté le 25/10/2022).

n'est pas délégable car il doit être réalisé par soi-même et pour soi-même. Les publications économiques et statistiques qui établissent ces mesures du travail domestique adoptent systématiquement cette définition et prennent soin d'expliciter qu'elles se distinguent des approches plus conceptuelles du travail domestique comme rapport social (par exemple Roy, 2011 ; ou Champagne *et al.*, 2015).

III.2. LES OBSTACLES À LA PRISE EN COMPTE DU TRAVAIL DE GESTATION DANS LE TRAVAIL DOMESTIQUE

À partir du moment où l'on définit la gestation comme l'un des postes de travail du travail procréatif, celui-ci étant lui-même un aspect du travail de reproduction sociale, la question se pose de savoir si le travail de gestation effectué dans le cadre domestique pourrait être comptabilisé dans le travail domestique. Actuellement, le travail de gestation est complètement absent des mesures du travail domestique en France. En effet, plusieurs obstacles s'opposent à la possibilité même de mesurer le travail de gestation dans le cadre des enquêtes *Emploi du Temps*, seules enquêtes qui s'occupent de comptabiliser le travail domestique.

D'abord, ces enquêtes reposent sur une vision linéaire du temps (Iza, 2009), qui découpe la journée en tranches de 5 ou 10 minutes. Ces créneaux sont reportés sur une feuille que les enquêtés doivent renseigner. Ils peuvent renseigner l'activité principale qu'ils sont en train de réaliser, mais aussi les activités secondaires (par exemple, éplucher les légumes tout en surveillant ses enfants), mais du fait du caractère très contraignant du remplissage de la grille temporelle pour les enquêtés, les activités secondaires sont généralement mal renseignées et ne font pas l'objet d'un traitement systématique.

Ensuite, les enquêtes reposent sur du déclaratif, ce qui ne permet pas de visibiliser le travail de gestation : on se heurte ici au fait qu'on ne pourra jamais compter le travail de gestation tant que les femmes remplissant les carnets d'activités journaliers fournis par l'Insee ne considèrent et n'écrivent pas elles-mêmes que leur activité pendant un temps est de travailler à la production d'un enfant. Anne-Marie Devreux (1988) montrait déjà que les femmes enceintes avaient du mal à souscrire à cette vision des choses pendant la grossesse, même si elles avaient moins de mal à considérer la gestation comme travail une fois qu'elles rencontrent l'enfant. Finalement, le caractère à la fois déclaratif et linéaire implique

que personne ne remplit le carnet en écrivant « de 10h à 10h15, j'épluche les pommes de terre tout en étant enceinte », alors qu'on trouve souvent des tâches domestiques faites « en surveillant les enfants ».

Enfin, au-delà des aspects méthodologiques, il faut souligner les enjeux socio-politiques des enquêtes *Emploi du Temps* depuis leur mise en place dans les années 1960 et jusqu'à aujourd'hui. En effet, la généralisation de ce type d'enquêtes et l'installation d'une récurrence dans les vagues d'enquêtes ainsi que l'élargissement à des échantillons représentatifs nationalement à partir des années 1970 répondait à une volonté de quantifier le temps de travail domestique et d'obtenir des informations plus précises sur le partage des tâches dans les couples. Aujourd'hui encore, ces enquêtes sont la source principale pour la mesure de ce qui est devenu au fil du temps un sujet assez sensible socialement et politiquement. Les parutions de ces enquêtes sont donc très attendues pour renseigner sur les changements de pratiques au sein des ménages français. Or, l'intégration du travail de gestation au travail domestique conduirait par définition à l'impossibilité d'aboutir à un « partage des tâches » complètement égalitaire.

III.3. UN TRAVAIL DOMESTIQUE INVISIBLE ?

Malgré ces obstacles, aucun élément de définition n'empêche la prise en compte du travail de gestation dans le travail domestique. Même, au regard des critères adoptés pour établir les frontières du travail domestique avec le travail marchand et avec le temps physiologique, la gestation devrait être comptabilisée avec le reste des tâches domestiques. Nous avons rappelé plus haut que les deux critères définissant le périmètre du travail domestique étaient ceux de l'existence d'un équivalent marchand, ainsi que la possibilité de déléguer ce travail à autrui. D'une part, l'existence de la GPA rendue possible par le développement des NTR conduit à ce qu'il existe un équivalent marchand au processus de gestation réalisé dans le cadre domestique. Certes, la GPA est aujourd'hui interdite en France, mais cela signifie simplement que les femmes vivant en France ne peuvent pas travailler en tant que gestatrices. Des couples vivant en France peuvent avoir recours, moyennement des sommes importantes, à une GPA en-dehors des frontières nationales, même si les procédures d'adoption existant en France permettant la reconnaissance des enfants nés de GPA à l'étranger restent fragiles (Brunet, 2012).

De plus, si la gestation n'est pas classée dans la catégorie du travail domestique, elle ne peut que figurer dans la catégorie du temps physiologique. Or, la gestation ne correspond pas à la catégorie du temps physiologique (celui qui doit être réalisé par soi-même et pour soi-même pour reconstituer sa force de travail), et ce pour plusieurs raisons. D'abord, la gestation ne permet pas de récupérer sa force de travail, au contraire bien souvent c'est une activité qui diminue la force de travail car consomme de l'énergie pour la fabrication du fœtus (*cf.* partie 1). Ensuite, la gestation n'est pas une activité qui est réalisée uniquement pour soi-même : au contraire, elle est réalisée aussi pour le fœtus en développement[25]. En d'autres termes, le travail de gestation ne profite pas qu'à celle qui le réalise et au(x) commanditaire(s) du travail, mais il bénéficie aussi au produit fini. C'est la (seule) différence entre la production du vivant et du non vivant. Aucune évaluation du travail domestique n'a, à notre connaissance, tenté d'inclure la gestation comme travail domestique, ou au moins discuté son caractère d'activité « frontière », alors qu'il existe par contre une abondante littérature sur les autres frontières entre activités (travail domestique ou loisir ?), qui a donné le concept de « semi-loisir » souvent mobilisé dans les mesures du travail domestique, voir Dumazedier, 1974 ; Roy, 2011 ; Brousse, 2015). De même, il est devenu consensuel désormais de distinguer temps strictement « domestique » et temps « parental » (Algava, 2002 ; Pailhé et Solaz, 2004), mais aucune évaluation ne propose d'inclure le travail de gestation dans le temps parental.

Enfin, pour faire reconnaître le travail domestique, il a fallu rompre avec la conception de la consommation comme activité simplement destructrice de valeur en montrant que pour consommer dans le cadre domestique, il faut fournir un travail non-marchand préalable. De même, avant d'« avoir » des enfants et de les « élever » grâce à un travail parental, il faut aussi travailler pour les produire. Les années 1970 ayant permis l'« affirmation que les gestes effectués à destination d'autrui dans la sphère privée constitue un "travail" » (Dussuet, 2017, p. 103), on ne voit pas pourquoi cette définition du travail exclurait le travail de gestation.

25 Même si le droit pénal ne qualifie pas systématiquement une personne à naître comme « autrui », qui est une notion juridique corollaire des droits dont bénéficient les personnes physiques. Cependant, dans certains cas, le fœtus a pu être assimilé à une personne (dans le cas de mise en danger de la vie d'autrui par exemple). *Cf.* Kurek (2017).

CONCLUSION

Penser la gestation comme un travail ouvre de nouvelles perspectives sur deux aspects : les conditions de ce travail et le droit associé à ce travail. Penser la gestation en termes de production collective des êtres humains dans un système économique et non plus seulement comme une activité physiologique individuelle nécessite d'interroger le cadre dans lequel ce travail est fait ou n'est pas fait. Par exemple, le fait de parler de gestation comme travail permet d'interpréter les interruptions volontaires de grossesse comme des refus de poursuivre un travail déjà commencé, comme une sorte de démission. Si l'ensemble des motivations conduisant aux avortements ne se limitent pas à un tel arbitrage, on sait cependant qu'une partie s'explique par la temporalité et la difficulté pour les femmes de concilier une grossesse avec leurs autres charges de travail (salarié, domestique et/ou parental) : dire « ce n'est pas le moment d'avoir un enfant » peut aussi être perçu comme « ce n'est pas le moment de faire ce travail ».

Penser la gestation comme un travail, c'est également poser la question des accidents du travail. Comme l'avait déjà souligné Silvia Federici (1975) à propos des fausses couches, si l'on considère la gestation comme un travail, les accidents de ce parcours sont des accidents de travail. Chaque année, un peu moins de 100 femmes meurent en France à cause de la grossesse, de l'accouchement ou des suites de celui-ci[26]. Le taux de mortalité maternelle est de 9,6 pour 100 000 naissances en 2020 : si la moyenne dans les pays dits développés est de 12, elle est de 239 morts pour 100 000 naissances dans les pays dits en développement d'après l'Organisation Mondiale de la Santé[27]. Bien que porter un enfant ne se résume pas à cela, il faut quand même noter la dangerosité de l'activité pour une femme (Lewis, 2021), d'autant que les femmes sont susceptibles d'avoir plusieurs grossesses dans une vie. Si l'on considère la multiplicité des grossesses, les femmes ont une chance sur 5 000 dans les pays

---

26 Pour des données complètes, voir le rapport de l'Inserm, *Les morts maternelles en France, mieux comprendre pour mieux prévenir, 6e rapport de l'enquête nationale confidentielle sur les morts maternelles, 2013-2015*, publiée en janvier 2021.

27 https://www.who.int/fr/news-room/fact-sheets/detail/maternal-mortality (consulté le 25/10/2022).

riches de mourir d'une cause liée à la grossesse ou à l'accouchement ; une chance sur 180 pour les femmes dans les pays pauvres[28]. C'est un travail dont on exige qu'il ne permette pas de vivre et qu'il soit fait par amour, mais qui est dangereux pour la vie des femmes.

Nous avons montré que la conceptualisation de la gestation comme travail pose problème à la fois dans le cadre marchand et dans le cadre domestique. Dans le cadre du travail marchand, sa reconnaissance et sa valorisation sous forme de salaire n'est pas évidente et rappelle à chaque instant qu'il y a une catégorie de travail qui ne doit pas faire l'objet d'un retour marchand. Si le travail de gestation bénéficie dans le cadre marchand de la conceptualisation du travail de GPA, il n'en demeure pas moins que la question de la rémunération de ce travail reste un problème épineux. Malgré l'existence d'une compensation monétaire, ce travail n'est pas rémunéré par un salaire et n'ouvre pas les droits associés au travail, ce qui amène à conclure avec Maud Simonet qu'il s'agit là d'un travail non seulement gratuit mais aussi nié (Simonet, 2018 ; 2019). Si le travail de gestation n'est pas *assez* un travail salarié classique (aux États-Unis), il n'est pas non plus *assez* un travail domestique pour être comptabilisé comme un travail domestique au sens de l'Insee (en France).

Finalement, ce travail est nié en tant que tel quelle que soit la sphère dans laquelle il se déroule. Ce n'est donc pas *uniquement* le capitalisme, ou le patriarcat, qui impose la gratuité du travail de gestation. Le travail de gestation peut ainsi prendre place dans le long continuum du travail gratuit des femmes, comme activité qui se trouve à la croisée des deux systèmes d'exploitation. Nous avons montré ici que les raisons qui s'opposent à cette prise en compte ne s'expliquent ni par la frontière – par ailleurs poreuse – entre le marchand et le non marchand, ni par la forme spécifique du travail. Au contraire, les raisons de la gratuité se fondent sur l'idée que cette partie du travail procréatif doit être assurée gratuitement, au nom de l'amour.

28 *Ibid.*

RÉFÉRENCES BIBLIOGRAPHIQUES

Algava E., 2002, « Quel temps pour les activités parentales ? », *Études et Résultats*, n° 162, DREES.

Alonzo P., 2008, « Ouvrières à Saint-Nazaire : deux entreprises face à l'intégration des femmes dans les métiers de la navale », *Formation emploi*, vol. 104, p. 23-36.

Anleu S. R., 1992, « Surrogacy : for love but not for money ? », *Gender & Society*, vol. 6(1), p. 30-48.

Arruzza C., Bhattacharya T., Fraser N., 2019, *Féminisme pour les 99 % : un manifeste*, La Découverte.

Berthonnet I., Clos C., 2019, « Intégrer la division sexuelle du travail au rapport social de travail. Pistes pour l'analyse régulationniste », *Revue de la régulation. Capitalisme, institutions, pouvoirs*, 25.

Bhattacharya T., 2017, *Social reproduction theory : Remapping class, recentering oppression*, Pluto Press.

Boulet E., 2020, *Espaces et temps de la « production d'enfants ». Sociologie des grossesses ordinaires*, Thèse de Doctorat, Université Lumière Lyon 2.

Brasseur P., Finez, J., 2020, « Les économies de la sexualité », *Revue française de socio-économie*, vol. 2, p. 15-28.

Brousse C., 2015, Travail professionnel, tâches domestiques, temps « libre » : quelques déterminants sociaux de la vie quotidienne. *Économie et statistique*, vol. 478(1), p. 119-154.

Brunet L., 2012, « La globalisation internationale de la gestation pour autrui », *Travail, genre et sociétés*, 2, p. 199-205.

Chadeau A., Fouquet A., 1981, « Peut-on mesurer le travail domestique ? », *Économie et statistique*, Paris, INSEE, vol. 136, n° 1, p. 29-42.

Champagne C., Pailhé A., Solaz A., 2015, « Le temps domestique et parental des hommes et des femmes : quels facteurs d'évolutions en 25 ans ? », *Économie et statistique*, vol. 478(1), p. 209-242.

Choudhury C.A., 2015, « The political economy and legal regulation of transnational commercial surrogate labor », *Vand. J. Transnat'l L.*, vol. 48, 1.

Comte J., 2010, « Stigmatisation du travail du sexe et identité des travailleurs et travailleuses du sexe. », *déviance et société*, vol. 34(3), p. 425-446.

Coulon-Arpin M., 1982, « La maternité et les sages-femmes. », *De la préhistoire au XXe siècle*, 1.

Dalla Costa M., James S., 1972, *The Power of Women and the Subversion of the Community*, Bristol : The Falling Wall Press Ltd.

Darmon M., 2014, *Devenir anorexique : une approche sociologique*, La découverte.

Daune-Richard A. M., Devreux A. M., 1992, « Rapports sociaux de sexe et conceptualisation sociologique. », *Recherches féministes*, vol. 5(2), p. 7-30.

Delphy C., 2013, *L'ennemi principal-tome 1 : Économie politique du patriarcat* (Vol. 1). Syllepse.

Descarries F., Corbeil C., 1994, « Entre discours et pratiques : la révolution de la pensée féministe sur la maternité depuis 1960. », *Nouvelles questions féministes*, vol. 15, n° 1, p. 69-93.

Devreux A.M., 1988, *Les conditions de vie professionnelle des femmes enceintes*, Caisse nationale d'allocations familiales (CNAF).

Dumazedier J., 1974, *Sociologie empirique du loisir : critique et contre-critique de la civilisation du loisir.* FeniXX.

Dunezat X., 2016, « La sociologie des rapports sociaux de sexe : une lecture féministe et matérialiste des rapports hommes/femmes », *Cahiers du Genre*, vol. 3, p. 175-198.

Dussuet A., 2013, « La mesure du travail : une question de genre ? Analyse des processus de dé-valorisation du "travail domestique" », [En ligne], [metices. ulb. ac. be/IMG/pdf/DUSSUET. pdf] (26 novembre 2014).

Dussuet A., 2017, « Le "travail domestique" : une construction théorique féministe interrompue. », *Recherches féministes*, vol. 30(2), p. 101-117.

Engels F., 1884, *L'origine de la famille, de la propriété privée et de l'État*, Marxists.org.

Federici S., 1975, *Wages for Housework*, Bristol, Power of Women Collective, Falling Wall Press.

Floyd K., 2017 [2014], « "Mères porteuses" et marchandisation des tissus organiques : une bioéconomie mon-dialisée », trad. M. Merteuil *in* Boggio Éwanjé-Épée F., Magliani-Belkacem S., Merteuil M., Monferrand F. (coord.), *Pour un féminisme de la totalité*, Paris, Éditions Amsterdam, p. 245-258.

Forsum E., Löf M., 2007, « *Energy metabolism during human pregnancy* », Annu Rev Nutr., 27 :277-92.

Fortino S., 1997, « De filles en mères. La seconde vague du féminisme et la maternité », *Clio. Histoire, femmes et sociétés*, n° 5, p. 217-238

Fouquet A., 2001, « Le travail domestique : du travail invisible au "gisement" d'emplois », *in* Laufer J., Marry C., Maruani M., *Masculin-Féminin : questions pour les sciences de l'homme*, Paris, PUF, p. 99-127.

Fraser N., 2009, *Scales of justice : Reimagining political space in a globalizing world*, vol. 31, Columbia University Press.

Galerand E., Kergoat D., 2008, « Le potentiel subversif du rapport des femmes au travail », *Nouvelles questions féministes*, vol. 27(2), p. 67-82.

Gershuny J., 2000, *Changing times. Work and leisure in postindustrial society*, Oxford University Press.

Glenn E. N., 2010, *Forced to care : Coercion and caregiving in America*, Harvard University Press.

Haicault M., 1984, « La gestion ordinaire de la vie en deux », *Sociologie du travail*, n° 3, p. 268-275.

Hertzog I. L., 2017, « Le travail re-productif des femmes : le cas de l'assistance médicale à la procréation (AMP) en France », *Tracés. Revue de Sciences humaines*, vol. 32, p. 111-132.

Hirata H., 2021, « Travail productif, travail de care », *Actuel Marx*, vol. 2, p. 62-76.

Iza M. L., 2009, « Le temps donné dans le travail domestique et de care », *Multitudes*, vol. 2, p. 106-112.

Jacobson H., 2016, *Labor of love : Gestational surrogacy and the work of making babies*, Rutgers University Press.

Jarrett K., 2015, *Feminism, labour and digital media : The digital housewife*, Routledge.

Jouan M., Clos C., 2020, « Le privé est politique… et économique ! Pour une économie politique du travail de gestation pour autrui », *Nouvelles questions féministes*, vol. 39(2), p. 47-61.

Kurek C., 2017, *Le corps en droit pénal*, Thèse de doctorat, Université Jean Moulin Lyon 3.

Lafontaine C., 2014, *Le Corps-marché. La marchandisation de la vie humaine à l'ère de la bioéconomie : La marchandisation de la vie humaine à l'ère de la bioéconomie*, Média Diffusion.

La Rochebrochard É. (de), 2003, « Des hommes médicalement assistés pour procréer. », *Population*, vol. 58(4), p. 549-586.

Lewis S., 2021, *Full surrogacy now : Feminism against family*, Verso Books.

Loudon I., 1992, « The transformation of maternal mortality », *BMJ : British Medical Journal*, vol. 305(6868), p. 1557.

Luyssen J., 2021, *Féminisme et maternité, des relations fécondes*, Libération, Jeudi 24 juin 2021, disponible en ligne (consulté le 25/10/2022) : https://www.liberation.fr/idees-et-debats/feminisme-et-maternite-des-relations-fecondes-0210623_H3JJECZCUJEVBHNHH3CDFZ3YDM/.

Marx K., 1983 [2016], *Le Capital, Livre 1*, Les éditions sociales.

Mathieu M., Ruault L., 2017, « Présentation. Une incursion collective sur un terrain éclaté pour une approche matérialiste des activités liées à la production des êtres humains », *Recherches sociologiques et anthropologiques*, 48-2, p. 1-27.

McClintock A., 1993, « Sex workers and sex work : Introduction », *Social text*, p. 1-10.

Merchant J., 2017, « Le cadre juridique et politique gouvernant la gestation pour autrui aux États-Unis », *Ethnologie française*, vol. 47(3), p. 421-424.

Molinier P., 2013, *Le travail du care*, La Dispute.

Pailhé A., Solaz A., 2004, Le temps parental est-il transférable entre conjoints ?** Le cas des couples confrontés au chômage. *Revue économique*, vol. 55(3), p. 601-610.

Pande A., 2009, « Not an "Angel", not a "Whore" Surrogates as 'Dirty'Workers in India », *Indian journal of gender studies*, vol. 16(2), p. 141-173.

Pande A., 2010, « Commercial surrogacy in India : Manufacturing a perfect mother-worker », *Signs : Journal of women in culture and society*, vol. 35(4), p. 969-992.

Pande A., 2014, *Wombs in labor*. Columbia University Press.

Perlin R., 2012, *Intern nation : How to earn nothing and learn little in the brave new economy*, Verso Books.

Plékhanov G., 1904, Conférences faites dans un cercle ouvrier de Genève, au cours de l'année 1904, reprises dans la *Nouvelle Revue Socialiste du 15 avril au 15 août 1926*, « Pages Socialistes », édition de 1946, Éditions de la Liberté, Paris.

Purdy LM., 1989, « Surrogate mothering : exploitation or empowerment ? », *Bioethics*, vol. 3(1), p. 18-34.

Queval I., 2008, *Le corps aujourd'hui*, Gallimard.

Rich A., 1976, *Of Woman Born. Motherhood as experience and institution*. New York.

Ricroch L., 2012, « En 25 ans, moins de tâches domestiques pour les femmes, l'écart de situation avec les hommes se réduit. », *Regards sur la parité*, vol. 2.

Roy D., 2011, « La contribution du travail domestique au bien-être matériel des ménages : une quantification à partir de l'enquête Emploi du Temps », *Direction des Statistiques Démographiques et Sociales de l'INSEE*.

Segalen M., 2017, « Pourquoi la gestation pour autrui dite "éthique" ne peut être », *Travail, genre et sociétés*, n° 38, p. 53-73.

Shalev C., 1989, *Birth power : the case for surrogacy*, New Haven, CT : Yale University Press.

Sharp L.A., 2000, « The Commodification of the Body and its Parts », *Annual Review of Anthropology* 2000, vol. 29, p. 287-328.

Simonet M., 2018, *Travail gratuit : la nouvelle exploitation ?*, Éditions Textuel.

Simonet M., 2019, « "La grève des stages est une grève féministe". Formes et fondements du travail gratuit aujourd'hui », *in* Federic S., Simonet, M., Merteuil M., Kuehni M., *Travail gratuit et grèves féministes*, Entremonde.

Spar D. L., 2006, *Baby business*, Sperling & Kupfer.

Stiglitz J., Sen A., Fitoussi J.-P., 2009, *Rapport de la Commission sur la mesure des performances économiques et du progrès social*, Éditions Odile Jacob.

Szalai A. (dir.), 1972, *The Use of Time. Daily activities of urban and suburban population in twelve countries*, La Haye, Paris, Mouton.

Tabet, P., 1985, « Natural fertility, forced reproduction », *Feminist Perspectives on The Past and Present Advisory Editorial Board*, 111.

Tain L., 2013, *Le corps reproducteur. Dynamiques de genre et pratiques reproductives*. Presse de l'EHESP.

Thomé C., Rouzaud-Cornabas M., 2017, « Comment ne pas faire d'enfants ? La contraception, un travail féminin invisibilisé », *Recherches sociologiques et anthropologiques*, 48-2, p. 117-137.

Trompette P., 2008, *Le marché des défunts*. Presses de Sciences Po, « Académique ».

Tronto J.C., 2003, « Time's place », *Feminist Theory*, p. 119-138.

Twine F. W., 2015, *Outsourcing the womb : Race, class, and gestational surrogacy in a global market*. Routledge.

Vallet G., 2017, « La famille mise à "mâle" ? Le cas des pratiquants de bodybuilding », *Enfances, Familles, Générations*, vol. 26.

Vogel L., 1983 [2013], *Marxism and the oppression of women : Toward a unitary theory*, Brill.

Vogel L., 2008, « Domestic Labour Debate », *Historical Materialism*, vol. 16, p. 237-243.

Vora K., 2009, « Indian transnational surrogacy and the commodification of vital energy », *Subjectivity*, vol. 28(1), p. 266-278.

Waring M., 1988, *If women counted : A new feminist economics*, San Francisco : Harper & Row.

Windebank J., 1994, « Comment expliquer le rapport des femmes au foyer et à la famille : les débats français autour du travail domestique », *Nouvelles questions féministes*, p. 9-34.

Zelizer V. A., 2005, *The Purchase of Intimacy*. Princeton University Press.

ANNEXE

Tableau des 10 principales agences des GPA aux États-Unis

Nom de l'agence	Année de création	Lieu du siège social	Frais d'agence (en dollars)	Montant de la compensation pour les mères-porteuses (en dollars)	Nombre de naissances/an	Présent dans 2 classements	Présent dans 3 classements
Center for Surrogate Parenting, LLC	1980	Encino, California & Annapolis, Maryland	29 000	46 000-68 000	66		x
NorthWest Surrogacy Center	1994	Portland, Oregon	34 000-35 000	45 000-60 000	249		x
Circle Surrogacy & Egg Donation	1995	Boston, Massachusetts & New York & Burlingame, California	31 500	30 000 - 40 000	96		x
Growing Generations	1996	Los Angeles, California	30 000	52 000-63 500	77		x
Conceivabilities	1996	Chicago, Illinois	38 000	48 000 - 69 550	115	x	
Surrogacy Alternatives Inc (SAI)	1998	San Diego, California	30 000	jusqu'à 50,000	152	x	
Simple Surrogacy, LLC	2002	Dallas, Texas	24 000- 25 000	35 000-45 000			x
Family Inceptions Surrogacy & Egg	2008	Suwanee, Georgia	28 000-35 000	46 000-65 000			x
International Surrogacy Center	2012	Murrieta, California	27 500	55 000-65 000		x	
Babytree Surrogacy	2013	Hesperia, CA	35 000	35 000-60 000	31		x

Source : Auteures, à partir des sites des différentes agences.

DES ENFANTS TRAVAILLEURS AU NORD ?

Légalisation et conflits de qualification du travail des enfants mannequins en France

Saskia Merouseh
Nantes Université,
CENS UMR 6025

Si la figure de l'enfant travailleur renvoie, dans les représentations communes, aux économies industrielle et agricole du XIXe siècle et aux pays du Sud, des enfants sont également mis au travail dans les économies tertiaires des pays du Nord. Ainsi, en France, malgré l'interdiction générale du travail des enfants de moins de 16 ans, ces derniers bénéficient d'encadrements juridiques dérogatoires leur permettant de travailler dans les mondes de l'art, de la mode et de la publicité. Comment expliquer l'existence et l'extension de ces mises au travail alors même que la France condamne légalement et moralement le travail des enfants, et que les définitions contemporaines de l'enfance se sont construites en opposition avec la sphère économique (Zelizer, 1985) ?

Les organisations internationales distinguent le *child labour*, qui concerne les formes de travail « à abolir » en ce qu'elles sont intenses et mettent à mal le développement physique et psychique de l'enfant, et le *child work* qui renvoie aux formes de travail jugées acceptables dans une société donnée : travaux domestiques, travail dans l'entreprise familiale, travail de moins de 14h par semaine (Manier, 2011). Ces formes de travail sont censées être ponctuelles et légères (contre l'idée d'un emploi stable et régulier). L'enfant ne doit pas subvenir à l'économie familiale, ce qui le protège de l'exploitation par ses parents, et répond à la norme contemporaine de l'inutilité économique des enfants (Zelizer, 1992). En suivant cette approche, le travail des enfants pourrait ainsi être défini de manière large comme la participation productive des enfants à des activités (rémunérées ou non), et dont les frontières (il)légitimes dépendent de l'identification d'effets néfastes sur la scolarité et le développement physique et psychique de l'enfant jusqu'à l'âge de fin de scolarité obligatoire. La construction de ces frontières dépend ainsi de processus de lutte et de reconnaissance de certaines activités comme étant du travail ou non, à l'instar du travail des femmes (Krinsky et Simonet, 2012).

En France, le travail dérogatoire des enfants est encadré par deux lois promulguées dans la deuxième moitié du XXe siècle : d'une part, une loi de 1963 qui légalise et encadre le travail des enfants dans les établissements dits culturels en tant qu'acteurs et figurants (cinéma, télévision, radio, théâtre, salles de danse et de concert) ; d'autre part, une loi en 1990 qui concerne le travail des enfants mannequins (photos de mode, défilés, publicités télévisuelles). Rejeté du marché du travail enfantin légitime en 1963 à cause de la nature même de l'activité jugée immorale, le travail des enfants mannequins devient légal en 1990, même si son apport pour le bien-être des enfants est jugé « nul » par les pouvoirs publics.

Si le travail des enfants est habituellement étudié comme l'institutionnalisation d'un interdit (Bourdelais, 2005), il s'agit dans cet article d'apporter un nouvel éclairage en analysant la construction et l'évolution des frontières acceptables du travail enfantin. De manière plus précise, nous nous proposons d'étudier la genèse de la loi de 1990 sur les enfants mannequins qui a conduit à la légalisation de leur travail et à la reconnaissance de leur statut de salariés. Pour conduire cette analyse, nous mobilisons la notion de « travail relationnel » (Zelizer, 2005). Viviana Zelizer définit le « travail relationnel » comme les actions et les discours de différents groupes d'acteurs (notamment les législateurs, les juges, les familles et les acteurs économiques), qui conduisent à délimiter les frontières (in)acceptables des transactions économiques lorsqu'elles mettent en jeu des relations d'intimité (adoption, assurance-vie, participation productive des enfants aux tâches domestiques) afin de maintenir une séparation entre sphères économiques et familiales. Le « travail relationnel » consiste ainsi à négocier un compromis entre certaines relations sociales (ici des relations qui mettent en jeu des enfants, qui devraient par définition être éloignés de la sphère économique suivant la théorie des « mondes hostiles » – *cf.* Zelizer, 2005) et des transactions économiques qui peuvent mettre à mal ces relations. Il désigne les efforts conduisant à rendre compatibles des relations sociales et des transactions économiques *a priori* antinomiques.

La constitution puis l'extension de marchés du travail enfantin, malgré l'existence de contestations morales (Zelizer, 1985 ; Steiner et Trespeuch, 2014), mettent en jeu des luttes de catégorisation de ces activités enfantines plus ou moins considérées comme du travail. Malgré la valeur inestimable donnée aux enfants dans les sociétés occidentales (Zelizer, 1985), il existe ainsi un ensemble de mises à contribution de ces derniers qui leur confèrent une valeur économique. Par quels processus ces formes de travail ont-elles été (re)qualifiées, acceptées et légalisées ? Dans quelle mesure la protection de l'enfance et les évolutions du capitalisme sont-elles imbriquées ?

L'article s'appuie principalement sur les archives institutionnelles produites par la Direction générale de l'action sociale du ministère des Affaires sociales entre 1962 et 1993[1]. Cet ensemble d'archives comporte des correspondances entre la Direction des Relations du Travail et la Direction des Affaires sociales, des lettres de syndicats, d'agences de mannequins et de médecins, des comptes rendus de réunions et de commissions liés à la préparation du projet de loi. Ces archives ont fait l'objet d'une analyse qualitative de contenus, visant à mettre au jour les conflits de qualification de ces activités enfantines, comme l'a fait Viviana Zelizer (1985) sur le travail des enfants aux États-Unis au tournant du XXe siècle ou Claire Lemercier (2011) sur l'interdiction du travail des enfants à la fin du XIXe siècle. Les archives produites par le ministère du Travail entre 1947 et 1964 concernant la légalisation du travail des enfants dans les établissements culturels[2] sont également mobilisées dans cet article, pour faire apparaître les similarités et les contrastes entre ces deux processus législatifs. À ces matériaux d'archives ministérielles, s'ajoute l'analyse des débats législatifs et des rapports des commissions de l'Assemblée Nationale et du Sénat des lois de 1963 et 1990. L'analyse des coulisses de la loi à partir des archives ministérielles permet de contextualiser les débats législatifs, en comparant les types de justification mobilisés dans ces deux instances étatiques, et ainsi de

1 Cote 20050117/67 aux Archives Nationales.
2 Cotes 1976121/445-446 aux Archives Nationales.

mettre en perspective les comptes rendus officiels des débats législatifs (Commaille, 1994).

Dans un premier temps, nous montrerons qu'au cours du XXe siècle, les frontières du travail enfantin acceptable se limitent au travail dit « artistique », permettant d'euphémiser le travail au nom de l'épanouissement de l'enfant dans ce type d'activités, alors que les activités dites « commerciales[3] » des enfants sont considérées comme illégitimes. Nous verrons dans un deuxième temps que l'émergence puis l'augmentation de l'usage publicitaire des enfants conduit à des processus de (re)qualification de ces activités comme du travail et à la reconnaissance du statut de salarié de ces enfants. Enfin, nous montrerons que le déplacement des frontières acceptables du travail enfantin vers les activités dites « commerciales » met en jeu un « travail relationnel » par différents acteurs qui vise à créer un compromis entre protection de l'enfance et impératifs marchands.

I. LES FRONTIÈRES DU TRAVAIL DES ENFANTS AU XXe SIÈCLE : VALORISATION DU TRAVAIL « ARTISTIQUE » ET ILLÉGITIMITÉ DES ACTIVITÉS « EXCLUSIVEMENT COMMERCIALES[4] »

Au cours du XXe siècle, la mise au travail dérogatoire des enfants concerne les établissements culturels, dans la mesure où le caractère artistique des activités proposées est perçu comme bénéfique pour le développement de l'enfant. La médiatisation et l'augmentation de l'usage illégal d'enfants dans la publicité et le mannequinat, suivant les évolutions de la publicité dans la seconde partie du XXe siècle, conduit à questionner les frontières du travail des enfants acceptables, ces activités « commerciales » étant dans un premier temps considérées comme immorales et illégales.

3 La distinction entre activité « artistique » et activité « commerciale » utilisée tout au long de l'article est celle mobilisée par les acteurs étatiques durant les discussions et débats.

4 Lettre du ministère du Travail au Délégué Général de la Fédération Française des Industries du Vêtement Féminin, 29/01/1959, Archives Nationales, cote 19760121/445.

I.1. LÉGALISATION ET VALORISATION DU TRAVAIL « ARTISTIQUE » DES ENFANTS

Durant toute la première partie du XXe siècle, c'est la loi de 1892 portant sur l'interdiction du travail des enfants dans les mines et établissements industriels qui encadre l'emploi des enfants dans certains établissements culturels (théâtres[5], cafés concerts, music-hall et cirques) en qualité d'acteurs ou de figurants dans des représentations publiques. Alors que l'article 58 du livre II du Code du travail indique que les enfants ne peuvent être ni employés ni admis dans des établissements commerciaux ou industriels avant d'être libérés de l'obligation scolaire, l'article 59 prévoit des dérogations exceptionnelles données par le ministre de l'Instruction Publique pour certains établissements.

Si ces articles ne sont pas accompagnés de décrets d'application indiquant les démarches concrètes à suivre, plusieurs circulaires du ministère de l'Instruction Publique précisent certaines conditions d'emploi : il est interdit d'employer des enfants de moins de 9 ans[6] dans les théâtres (Circulaire du 10 mars 1913), et les enfants ne peuvent participer à plus de 15 représentations publiques par mois, hormis les pièces du « répertoire classique » pour lesquelles les limites sont moins contraignantes (circulaires du 26 juin 1923 et du 26 février 1925). Deux autres circulaires (16 mars 1933 et 3 février 1948) attirent l'attention sur plusieurs dysfonctionnements de l'administration. Les dérogations sont jugées trop nombreuses, allant à l'encontre de l'esprit d'une interdiction générale du travail des enfants. Au-delà du nombre de dérogations (qui ne sont pas chiffrées), les inspecteurs du travail rapportent que la majorité des enfants vus lors de leurs enquêtes sont employés sans dérogations, à des âges souvent inférieurs à 9 ans, et pour des durées indéterminées. Par ailleurs, les inspecteurs du travail critiquent l'absence de coordination entre les services de l'Instruction Publique et leurs propres services, ce qui les empêche de réaliser des enquêtes systématiques sur les conditions de travail et d'emploi des enfants.

---

5 Les théâtres d'acteurs enfants (qui tournent uniquement avec des acteurs enfants) sont interdits (article 5 du décret du 6 janvier 1864, disposition rappelée dans la circulaire du 3 février 1948, Archives Nationales, cote 19760121/445).

6 La limite d'âge monte à 12 ans pour les cirques, lorsque les employeurs sont les parents, et à 16 ans sinon, et il est interdit de faire exécuter « des tours de force périlleux ou des exercices de dislocation » à des enfants de moins de 16 ans (Circulaire du 10 mars 1913, Archives Nationales, cote 19760121/445).

Les années 1950 sont caractérisées par une dénonciation des conditions de travail des jeunes comédiens dans les théâtres, studios cinématographiques et plateaux de télévision, notamment par les inspecteurs du travail : trop longues heures de travail, manque d'air et d'hygiène, mauvaise alimentation et conséquences physiques et psychiques, ambiance « malsaine[7] » dans les coulisses. Les conditions d'emploi et de travail sont jugées délétères et incontrôlables, dans des secteurs professionnels où les enfants ne sont pas formés et qui mettent à mal leur scolarité. En effet, les enfants sont souvent employés pour des durées indéterminées, ce qui va contre l'idée d'un emploi ponctuel et non régulier. Ces conditions mènent, selon les ministères de l'Éducation Nationale et du Travail, à l'exploitation économique des enfants par leurs parents d'une part, et à un manque d'instruction scolaire d'autre part.

Dans ce contexte de dénonciation du travail enfantin, si des tentatives d'interdiction absolue ont pu être proposées, elles ne paraissent pas crédibles aux yeux du gouvernement de l'époque et restent inabouties. Trois types d'arguments sont alors mobilisés par les agents ministériels puis lors des débats législatifs pour justifier ces emplois d'enfants dans les établissements dits culturels. En premier lieu, le travail serait une marque de l'autonomie croissante donnée aux enfants au cours du XXe siècle. La reconnaissance du travail des enfants dans les arts du spectacle est présentée comme nécessaire « dans une période où l'affranchissement de l'homme à toutes les étapes de sa vie (travail des femmes, indépendance croissante des enfants, etc.) est un processus inéluctable[8] ». Il serait ainsi vain de « vouloir arrêter un courant de cette force[9] ». Un second ensemble d'arguments consiste à affirmer que les enfants contribuent légitimement au patrimoine artistique. En effet, les enfants participeraient à « l'accroissement du patrimoine artistique ou intellectuel de l'humanité[10] » : ainsi, sont cités Mozart, Poil de carotte, « précurseur d'une cohorte d'enfants acteurs[11] », les enfants des *400 coups*, etc. Autoriser le travail des enfants permettrait de faire émerger et

7 Lettre du ministère de l'Instruction Publique au ministère du Travail, 03/01/1948, Archives Nationales, cote 19760121/445.

8 Séance du 16/07/1963 au Sénat (cote 1976121/446, Archives Nationales).

9 *Ibid.*

10 Rapport du Sénat – Annexe au PV de la séance du 16 juillet 1963, 22/08/1963 (cote 1976121/446, Archives Nationales).

11 *Ibid.*

fructifier des talents, même si la majorité des enfants employés en sont jugés dépourvus : c'est le prix à payer selon eux pour que se manifestent des prodiges qui font la fierté de la nation, et qui sont comparés aux enfants acteurs du cinéma hollywoodien. Enfin, le travail des enfants est présenté comme nécessaire au développement de l'industrie cinématographique. Si de nouvelles réglementations paraissent indispensables pour protéger les enfants, il s'agit d'éviter « d'apporter au monde du spectacle [...] des entraves qui seraient aussi injustifiées qu'inefficaces[12]. » Les discussions cherchent à concilier intérêts des enfants, intérêts des établissements culturels et intérêt général : « les enfants doivent pouvoir continuer à travailler dans le spectacle dans l'intérêt de leur propre développement lorsque telles sont leurs aptitudes, dans leur intérêt professionnel et dans l'intérêt général[13] ». Une conciliation paraît alors possible selon les parlementaires entre une « solution libérale du problème de l'emploi des enfants dans le spectacle et une protection rigoureuse des intérêts de ces enfants[14] ».

Les débats parlementaires de la loi de 1963 mènent à différents principes de protection des enfants acteurs au travail. Tout d'abord, le principe de consignation des sommes gagnées par les enfants à la Caisse des dépôts jusqu'à leur majorité permet, selon les pouvoirs publics, d'empêcher que l'enfant soit source de revenu pour sa famille. L'État se pose ainsi en garant de la protection des enfants vis-à-vis des risques d'exploitation économique par les parents. Alors que durant la même époque, l'idée que les adolescents puissent disposer librement des gains de leur travail progresse (Zappi, 2017), cette idée se heurte à la figure repoussoir de l'enfant appui économique de sa famille. D'un côté, c'est l'autonomisation des enfants qui légitime en partie la légalisation du travail artistique des enfants, mais d'un autre, le risque d'exploitation par les parents justifie de les priver des gains issus de leur travail.

La loi conditionne l'embauche des enfants à la signature d'un contrat de travail par les parents et à une visite médicale chez un médecin du travail. L'absence d'application des Conventions Internationales de l'OIT (Organisation internationale du travail) de 1946 sur l'examen médical des enfants dans les travaux non industriels et sur le travail de nuit des

12 *Ibid.*
13 *Ibid.*
14 *Ibid.*

enfants guide en partie les dispositions de la loi de 1963. Enfin, la loi acte la décentralisation du traitement de ces demandes de travail par des commissions au sein du Conseil départemental de protection de l'enfance. Il n'y a en revanche pas de limitations légales de durées de travail différentes des adultes, hormis l'interdiction du travail de nuit[15]. Ces dernières sont laissées à la discrétion des commissions départementales qui ont mis en place des restrictions d'heures en fonction de l'âge des enfants (ils peuvent travailler dès 3 mois). Ces différentes dispositions ont ainsi pour objet de donner un cadre légitime à l'emploi des enfants dans les établissements culturels en tant qu'acteurs et figurants, en contrôlant les conditions d'emploi et en leur garantissant de bénéficier de l'argent issu de leur travail à leur majorité.

La contextualisation historique permet ainsi de mettre au jour différents critères mobilisés par les pouvoirs publics pour définir le travail des enfants qui nécessite une intervention étatique : l'existence d'une rémunération et la présence d'enfants dans des établissements commerciaux, la durée indéterminée de l'emploi, la participation à des activités similaires à celles d'adultes, sa visibilité et les effets sur le développement physique et psychique de l'enfant. L'acceptabilité du travail des enfants dans les années 1960 nécessite alors de protéger la rémunération, de limiter la durée du travail et, avant tout, de reconnaître l'intérêt de l'activité pour le développement de l'enfant. On passe ici d'un travail considéré comme aliénant (par les conditions de travail et l'exploitation économique) à un travail réalisé dans des conditions et dans des secteurs professionnels jugés acceptables. La frontière du travail légitime des enfants est alors limitée aux activités salariées artistiques, considérées comme épanouissantes pour les enfants. Comme le montre Zelizer (1985) pour le cas des États-Unis, les défenseurs de la légalisation du travail des enfants acteurs dans les années 1920 s'appuient sur l'idée que ces activités participeraient à développer l'instinct artistique des enfants, qu'elles auraient une forte valeur éducative, et qu'elles n'iraient donc pas à l'encontre de leur développement physique et psychique.

15 Des dérogations restent possibles par autorisation de l'inspection du travail.

I.2. DES « ATMOSPHÈRES FEUTRÉES DES SALONS DE COUTURE[16] » AUX MÉDIAS DE MASSE : LA PROGRESSIVE MÉDIATISATION DE L'USAGE COMMERCIAL DES ENFANTS

À partir des années 1950, le travail des enfants se développe dans des défilés de mode, puis dans les années 1970, dans la publicité télévisuelle. Ce travail reste toutefois illégal : les enseignes et les grands magasins ne font pas partie des établissements concernés par les dérogations de la loi de 1963, et l'autorisation d'emploi des enfants à la télévision concerne uniquement les productions filmiques.

Jusqu'aux années 1960, les défilés de haute couture se déroulent « loin des médias de masse, dans les atmosphères feutrées des salons de couture, où les dames de l'aristocratie et de la grande bourgeoisie occupaient quelques dizaines de chaises le long d'un couloir où les mannequins défilaient en silence » (Mensitieri, 2018, p. 50). On retrouve des jeunes filles dans ces défilés, dont la présence est dénoncée par l'inspection du travail, mais dont le nombre reste très marginal, tout en étant difficile à inspecter car peu exposées dans la presse.

Durant cette période, plusieurs rapports de l'inspection du travail dénoncent l'emploi régulier de jeunes filles de 8 à 12 ans, pour des défilés de présentation de collections enfants par des établissements de Haute couture comme la Maison Boussac, Virginie ou le Bon Marché[17]. Divers régimes contractuels sont mentionnés par les inspecteurs, allant de contrats conclus entre les parents et les entreprises sur plusieurs mois, voire plusieurs années, et garantissant un revenu mensuel pour les plus âgées (plus de 14 ans), à des réductions sur les robes ou encore des présentations réalisées à titre bénévole pour les plus jeunes. Par exemple, dans une lettre du 1er février 1956, la Maison Boussac annonce payer 80 000 (anciens) francs de salaire mensuel aux enfants, ainsi qu'une indemnité journalière de 5 000 (anciens) francs pour l'accompagnateur de l'enfant lors des déplacements[18]. Dans les correspondances entre le ministère du Travail et ces établissements, ces derniers se défendent d'un but simplement commercial, faisant valoir leur « sérieux traditionnel »,

16 Mensitieri (2018, p. 50).

17 Correspondances entre ces établissements, l'inspection du travail et le ministère du Travail, années 1953-1956, Archives Nationales, cote 19760121/445.

18 Lettre du 01/02/1956 de la Maison Boussac au Secrétariat d'État au Travail, Archives Nationales, cote 19760121/445.

le caractère « artistique » des défilés, où la « moralité [n'est] jamais compromise[19] ». Malgré cela, le ministère du Travail met régulièrement en garde le ministère de l'Instruction Publique, alors chargé de donner des autorisations d'emploi, sur le caractère illégal de ces emplois et la négligence des agents ministériels qui donnent les autorisations. Les inspecteurs font par ailleurs part de leur difficulté à contrôler et réprimer ces emplois illégaux de jeunes filles, étant régulièrement prévenus « deux jours après la presse[20] » de la tenue de défilés présentant des collections d'habits d'enfants. C'est le cas notamment lors d'une tournée publicitaire dans plusieurs villes, par la Maison Boussac, qui emploie deux jeunes filles de 10 et 12 ans entre le 15 mars et 15 juin 1956. Les défilés se déroulent de 21h à 23h dans chaque ville, les deux filles présentant lors de ces défilés 15 vêtements chacune par soir. Cette tournée publicitaire est rapportée par des inspecteurs, les jeunes filles étant vues dans chacune des villes de la tournée.

Avec l'amplification du prêt-à-porter à partir des années 1960 et l'importation des catalogues de mode états-uniens, les agences de publicité sollicitent le ministère du Travail pour demander l'autorisation des photographies publicitaires présentant les modèles enfants. Pour ce dernier, « il semble possible de considérer la photographie pour les journaux et les magazines de mode enfantine comme présentant un caractère artistique, ce qui conduit à tolérer que des enfants de moins de 14 ans, admis à paraître dans des spectacles, puissent poser pour les photographies de cette nature[21] », d'autant plus qu'il n'y aurait pas de danger physique ou moral particulier, du fait de l'absence de représentations devant un public, que ces prestations ne se feraient en général pas le soir, contrairement au théâtre et qu'il n'y aurait pas longues répétitions et de nombreuses prises contrairement au cinéma. Cet usage de l'image de l'enfant dans la publicité suit une tendance qui croît depuis la deuxième moitié du XIXe siècle, avec la particularisation du vêtement enfant, de moins en moins hérité des adultes. Il conduit à un nouveau « métier enfantin [...] celui de modèle en chair et en os, d'enfant publicitaire » (Becchi et Julia, 1998, p. 199), à mesure que différents secteurs marchands se

19 Lettre du 25/03/1954 du secrétaire d'État au Travail en réponse au Bon marché, Archives Nationales, cote 19760121/445.

20 *Ibid.*

21 Lettre du Secrétaire d'État au Travail à l'Inspecteur divisionnaire du Travail et de la Main-d'œuvre de la 1e circonscription, 29/01/1957, Archives Nationales, cote 19760121/445.

spécialisent dans les produits de l'enfance (Cross, 1999 ; Becchi et Julia, 1998 ; Brougère, 2006 ; Buckingham, 2011).

À l'inverse de la photographie publicitaire, une lettre du Délégué Général de la Fédération Française des Industries du Vêtement Féminin, faisant état du « préjudice [vécu par] les adhérents qui fabriquent des vêtements pour enfants et qui se voient ainsi interdire les présentations de modèles[22] » et demandant une tolérance pour l'usage d'enfants dans les défilés, est rejetée par le Ministère en raison du caractère exclusivement commercial de ces prestations. La loi votée en 1963 affirme en effet l'interdiction d'emploi d'enfants pour un but exclusivement commercial. Or, si la photographie publicitaire parvient à être tolérée et intégrée comme une activité en partie artistique, les défilés restent en dehors des frontières de l'acceptable, du fait de leur caractère « exclusivement commercial[23] ». Le « travail relationnel » des agents ministériels et des employeurs d'enfants consiste ici en une négociation des frontières de « l'artistique ». Dans le cas des défilés de mode, c'est l'utilisation d'enfants par des établissements non reconnus comme des établissements culturels qui conduit à considérer ces activités comme du travail illégal[24].

I.3. UN TRAVAIL ILLÉGAL MAIS TOLÉRÉ, « CLANDESTIN AUX YEUX DE TOUS[25] »

Dans les années 1970, le développement de la publicité et des moyens de diffusion audiovisuels conduisent à une augmentation du recrutement de la main-d'œuvre adulte et enfantine dans ce secteur de la publicité[26]. Des agences de mannequins sont créées, se présentant comme des intermédiaires de marché entre les mannequins et les publicitaires, bien que leur existence soit illégale, pour les enfants comme pour les adultes. Ces agences pratiquent en effet du prêt de main-d'œuvre interdit, dans la mesure où les seuls bureaux de placement payants légaux concernent, à

22 Lettre du ministère du Travail au Délégué Général de la Fédération Française des Industries du Vêtement Féminin, 29/01/1959, Archives Nationales, cote 19760121/445.

23 *Ibid.*

24 Il est à noter par ailleurs que la Convention de l'OIT n° 178 (1973) sur l'âge minimum indique une interdiction du travail des enfants de moins de 15 ans, et ne mentionne des dérogations possibles que pour les « spectacles artistiques ».

25 Rapport de l'IGAS, 1987 (cote 20050117/67, Archives Nationales).

26 Papier manuscrit 11/09/1984 Note sur le fonctionnement de la commission des enfants du spectacle de Paris depuis sa création en 1963, (cote 20050117/67, Archives Nationales).

cette période, uniquement les professions du spectacle (Lizé *et al.*, 2011 ; Naudier, 2013). Jusqu'à la fin des années 1960, les agences de mannequins comportaient des sections enfants et adultes, mais la loi de 1969 sur la présomption de salariat des mannequins adultes, qui donnent aux mannequins adultes un statut de salariés inscrits au régime général de la Sécurité sociale, conduit à la suppression des sections enfants (ces derniers ne sont en effet pas concernés par la loi). Des agences de mannequins spécifiquement enfants sont alors créées[27], de manière illégale et non reconnue par le syndicat des agences de mannequins[28]. Les archives permettent d'observer l'augmentation du nombre d'agences employant des enfants entre les années 1970 et 1990 : 5 en 1970[29] ; entre 10 et 15 dans les années 1980[30] ; 21 en 1990[31]. Le nombre d'enfants concernés n'est pas quantifié par les inspecteurs du travail, mais il est fait mention de « milliers[32] » d'enfants inscrits dans des agences à la fin des années 1980[33].

Si les agences sont des intermédiaires de marché, l'identification des employeurs des mannequins à cette période reste indéterminée : il s'agit dans certains cas de l'agence, et la plupart du temps des publicitaires, avec qui les contrats oraux sont fréquents[34]. La multiplicité des employeurs potentiels et la très courte durée des contrats rendent le contrôle des conditions d'emploi et de travail extrêmement difficile pour

27 Rapport de l'IGAS, 1987, (cote 20050117/67, Archives Nationales).

28 « Les enfants de la publicité. Doit-on persister à ignorer que les "enfants de la publicité" sont des travailleurs à part entière ? », Loriot, Sibold, Proteau, 06/12/1980, cité dans une note du 14/11/1988 à la Directrice de l'action sociale, (cote 20050117/67, Archives Nationales).

29 Lettre de l'Agence Paule Trucchi à Monsieur Chalaux, ministère des Affaires sociales et de la Solidarité, 26/10/1984, (cote 20050117/67, Archives Nationales).

30 Rapport n° 262 (1989-1990) de M. Claude Huriet, fait au nom de la commission des affaires sociales, déposé le 25 avril 1990.

31 Réunion du 26/01/1993 pour l'octroi des licences de mannequins (cote 20050117/67, Archives Nationales).

32 Un document de travail plus tardif, produit en 1998, comptabilise 13 500 enfants engagés dans des agences de mannequin dans la région parisienne, *cf.* « Le travail des enfants en France : cadre juridique, situations de fait et propositions pour le travail des jeunes de moins de 18 ans », ministère de l'Emploi et de la Solidarité, Direction des relations du travail, novembre 1998.

33 De manière générale, les archives consultées ne permettent pas de quantifier finement l'évolution du nombre d'enfants employés dans la publicité et le mannequinat durant la période étudiée.

34 Rapport de l'IGAS, 1987, (cote 20050117/67, Archives Nationales).

les inspecteurs du travail. L'administration relève ainsi de nombreux abus de la part des agences et des publicitaires : des non-paiements des cotisations sociales, des non-paiements des mannequins (adultes et enfants) et l'emploi illégal d'enfants et de mannequins étrangers sans titres de séjour.

Si les inspecteurs du travail évoquent l'abus d'emploi illégal d'enfants par les agences, ils n'ont pas le pouvoir de « contrôler les conditions de travail imposées aux enfants par les agences dont l'existence et l'activité sont interdites[35] ». Ils manquent aussi de moyens financiers et humains. Cependant, la « guerre[36] » de l'administration aux agences et à leurs pratiques d'emploi passe par d'autres canaux : les contrôles de l'URSSAF (Union de recouvrement des cotisations de sécurité sociale et d'allocations familiales) donnent lieu à la fermeture d'agences pour non-paiement de cotisations et non-paiement des mannequins, le ministère du Travail relève des infractions liées à la règlementation sur les bureaux de placement payants, l'ANPE (Agence nationale pour l'emploi) dénonce une atteinte à son monopole, et l'emploi de mannequins étrangers sans carte de séjour fait également l'objet de contrôle[37]. Le « travail relationnel » revêt ici une dimension conflictuelle et l'extension des frontières du travail (illégal) des enfants par les employeurs fait l'objet d'une opposition des agents ministériels.

Si le travail des enfants est interdit dans la publicité et le mannequinat, il se présente comme un travail « clandestin aux yeux de tous[38] » : le recrutement se fait de manière publique (notamment *via* des petites annonces dans les journaux), le produit est diffusé partout, et l'usage des enfants par les agences et les publicitaires n'est pas sanctionné directement.

Dans la lignée des travaux de Krinsky et Simonet (2012), il s'agit ici de sortir de la dichotomie du travail visible ou invisible en prenant pour objet les processus d'(in)visibilisation du travail, afin de mettre au jour

35 Compte rendu de réunion au ministère des Affaires sociales entre la Direction des Affaires sociales et la Direction des Relations du Travail, 10/10/1984 (cote 20050117/67, Archives Nationales).

36 Note sur le fonctionnement de la commission des enfants du spectacle de Paris, 11/09/1984 (cote 20050117/67, Archives Nationales).

37 Rapport de l'IGAS, 1987 (cote 20050117/67, Archives Nationales).

38 *Ibid.*

les luttes et enjeux de reconnaissance de certaines activités productives, notamment des femmes (ici des enfants), comme du travail. Contrairement à d'autres activités invisibilisées, l'activité des enfants mannequins ne peut être dissimulée intentionnellement (travail clandestin ou au noir) dans la mesure où leur produit est par définition visible. On peut faire l'hypothèse en revanche que la sur-visibilité des mannequins adultes rend moins visible le travail des enfants dans ce secteur professionnel et que les rapports de pouvoir dans lesquels ils sont inscrits renforcent cette invisibilisation, comme on le retrouve dans d'autres groupes professionnels (Arborio, 2016), d'autant plus que les enfants ne sont pas eux-mêmes à l'origine de revendications[39].

Ces processus d'(in)visibilisation s'articulent aux conditions d'(in) acceptabilité en ce qu'ils conduisent à qualifier la nature de l'activité et à statuer sur son caractère acceptable (ou non). Durant la période de développement de l'usage des enfants dans les publicités, les frontières du travail des enfants acceptables restent délimitées par les activités considérées comme « artistiques ». La mise en visibilité ne tient pas ici à un acte volontaire (comme les activités domestiques des femmes par les féministes matérialistes des années 1970), mais à une visibilisation de fait qui aboutit à attirer l'attention de certains groupes d'acteurs sur une absence d'encadrement et des abus.

II. « DERRIÈRE UNE APPARENCE SOURIANTE, SE CACHE UNE RÉALITE PLUS TERNE[40] » : LUTTES DE CATÉGORISATION ET (RE)QUALIFICATION DES ACTIVITÉS « COMMERCIALES » ENFANTINES COMME DU TRAVAIL

La qualification des activités publicitaires enfantines, interdites au nom de leur caractère « commercial », mais tolérées en raison de leur développement, fait l'objet de conflits dans le marquage des frontières

39 Contrairement à d'autres processus de reconnaissance juridique et sociale d'activités comme du travail (Krinsky, 2007 ; Kergoat *et al.*, 1992), les travailleurs (ici enfants) n'ont pas été eux-mêmes à l'origine de cette demande et lutte de reconnaissance.

40 Texte n° 306 modifié par l'Assemblée Nationale, le 5 juin 1990.

du travail enfantin au début des années 1980. L'analyse du « travail relationnel » de médecins, d'inspecteurs, de syndicats et de publicitaires met en effet au jour des définitions conflictuelles de ces activités. Ces débats conduisent à la reconnaissance de ces activités comme du travail à part entière et à celle des enfants comme des travailleurs comme les autres avec des droits supplémentaires. Ce travail de requalification légitime ainsi une intervention de l'État pour défendre les droits des enfants contre les pratiques des parents et des employeurs.

II.1. DES TRAVAILLEURS À PART ENTIÈRE ? LA DÉNONCIATION DES CONDITIONS DE TRAVAIL ET D'EMPLOI DES ENFANTS PAR DES MÉDECINS

Dans un contexte où le travail publicitaire des enfants devient plus visible, des médecins du travail dénoncent les conditions de travail et d'emploi des enfants, en qualifiant les enfants dans la publicité de « travailleurs à part entière[41] ». Cette dénonciation apparaît dans la thèse de la Dr Geneviève Sibold, en médecine du travail et soutenue en 1979, dirigée par le Dr Jean Loriot[42]. Cette thèse et les articles qui en sont issus, co-écrits avec le Dr Jean Loriot sont largement utilisés dans les travaux préparatoires de la loi de 1990 et cités lors des débats législatifs. À partir d'observations de castings et de la passation d'un questionnaire auprès de parents, la Dr Geneviève Sibold montre comment ces activités sont considérées par les parents comme un « amusement » ou une activité « ludique », occupant le mercredi après-midi et les week-ends de l'enfant pendant son temps libre[43], vision contre laquelle elle se positionne.

À partir de cette enquête, les conditions de travail et d'emploi sont ainsi objectivées et dénoncées comme constituant un risque (Gollac *et*

41 « Les enfants de la publicité. Doit-on persister à ignorer que les "enfants de la publicité" sont des travailleurs à part entière ? », Loriot, Sibold, Proteau, 06/12/1980, cité dans une note du 14/11/1988 à la Directrice de l'action sociale, (cote 20050117/67, Archives Nationales).

42 Le Dr Loriot était médecin généraliste, mais portait un intérêt pour la protection de l'enfance à travers divers stages en centres de protection infantile durant ses premières années de médecine, puis dans le cadre d'autopsies d'enfants en médecine légale. Il s'est ensuite intéressé de manière plus large aux sévices corporels et psychologiques exercés sur des enfants, ce qui l'a amené à s'intéresser au travail des enfants et à leur absence de protection dans le mannequinat.

43 Sibold G. (1979), *« Les enfants de la publicité » Travailleurs exclus de la médecine du travail*, Thèse de médecine, Université Paris VII.

al., 2014) nécessitant une intervention étatique : horaires tardifs, locaux exigus, grand nombre de prises de vues qui fatigue les enfants, exposition à la lumière de projecteurs, tournage en plein air l'hiver, nombre de castings par mois jugé excessif (de 10 à 15 par mois en moyenne). Les séances de travail sont alors considérées par les médecins comme plus pénibles et fatigantes que le cinéma et le théâtre, qui sont des secteurs réglementés. La reconnaissance de cette pénibilité s'inscrit dans le contexte des années 1970 marqué par un renforcement des actions des pouvoirs publics concernant la pénibilité au travail (avec notamment la création de l'Agence nationale pour l'amélioration des conditions de travail). L'inégalité de traitement et de protection entre les enfants mannequins et acteurs est ainsi relevée. Les rémunérations des premiers sont notamment jugées trop importantes, les intérêts financiers des parents et des professionnels conduisant à une exploitation des enfants. Les archives ne permettent pas de quantifier les gains moyens des enfants, mais donnent des indications sur les tarifs horaires habituels dans les années 1980 : 150 francs l'heure jusqu'à 10 ans, 166 francs jusqu'à 13 ans, 193 francs jusqu'à 15 ans, 241 francs jusqu'à 19 ans[44].

Selon les médecins, les conséquences physiques et psychiques de l'activité conduisent à des perturbations du rythme scolaire, et la nature même de l'activité est considérée comme n'apportant rien au développement de l'enfant. En outre, la demande de travail étant ciblée sur de très jeunes enfants, l'offre de travail ne vient jamais de l'initiative des enfants eux-mêmes : pour ces médecins, « l'enfant n'est, dans cette situation, jamais sujet. Il n'est qu'un objet manipulé, passif, objet de travail pour les publicitaires, objet de plaisir et/ou d'argent pour les parents[45] », ce qui participe à rendre selon eux ces activités comme immorales, d'autant plus qu'il s'agit d'usages purement mercantiles des enfants, contrairement aux activités artistiques. Dans la même perspective, les séances de castings, si elles ne sont pas rémunérées et pas considérées comme un temps de travail en elles-mêmes, sont jugées trop longues et trop nombreuses. Enfin, les abus sexuels sont également dénoncés à trois niveaux : certains enfants se retrouvent dans des films ou des

44 « Les enfants de la pub », *Le Généraliste* n° 646, 15/05/1984 (cote 20050117/67, Archives Nationales).

45 « Les enfants de la publicité. Doit-on persister à ignorer que les "enfants de la publicité" sont des travailleurs à part entière ? », *op. cit.*

photos pornographiques (notamment *via* le Minitel rose)[46], certaines agences de mannequins sont en réalité des agences de prostitution de mineurs, et certains directeurs d'agences et photographes sont accusés de pédophilie. Ces abus justifient selon les médecins une protection renforcée et une nécessité de moraliser et d'assainir la profession.

L'ensemble de ces éléments tend à requalifier ces activités, à l'encontre de l'aspect ludique jusqu'alors mis en avant par les parents, et contre l'idée que ces activités seraient moins pénibles qu'au cinéma. Les médecins font un certain nombre de préconisations aux pouvoirs publics : visite médicale obligatoire, interdiction de ce travail aux enfants de moins de 2 ans, autorisation individuelle et préalable de l'emploi sur le même modèle que les enfants acteurs, limitation du nombre de séances de castings, contrôle de la durée de travail, mise aux normes des locaux, interdiction du travail en extérieur l'hiver et argent mis de côté jusqu'à la majorité de l'enfant.

II.2. MISE À L'AGENDA POLITIQUE ET PRESSIONS INTERNATIONALES

En 1984, avec la création du syndicat des mannequins, Servane Cherouat, ancienne directrice d'agence, dénonce également les abus des conditions de travail auprès du ministère des Affaires sociales, pour les adultes comme pour les enfants. Les échanges entre le syndicat et le Ministère sont à l'origine d'une mission confiée à l'Inspection générale des affaires sociales (IGAS), dont le rapport est publié en 1987, par les inspecteurs Sciortino et Julien[47].

Dans ce rapport, la description des conditions d'emploi et de travail des mannequins enfants et adultes rejoint les travaux des médecins. Les deux inspecteurs en charge du rapport formulent un certain nombre de préconisations, notamment l'identification de l'agence comme employeur unique des mannequins et la formalisation d'une relation triangulaire entre l'agence, les mannequins et les publicitaires. Deux types de contrats sont ainsi proposés : d'une part, un contrat à durée déterminée entre le mannequin et l'agence ; d'autre part, un contrat de mise à disposition du mannequin, signé entre l'agence, le mannequin et le publicitaire, qui conduit à formaliser explicitement le statut de salarié des mannequins.

---

46 Rapport de l'IGAS, 1987 ; Cherouat S. (1993), *Les enfants mannequins*, Fayard.

47 Rapport de l'Inspection générale des affaires sociales, 1987 (cote 20050117/67, Archives Nationales).

Cette formalisation contractuelle triangulaire est présentée comme une manière d'identifier l'employeur de manière plus aisée et de faciliter les contrôles, condition nécessaire à la protection des enfants. Les inspecteurs préconisent par ailleurs qu'une déclaration de la contractualisation soit faite à la DDASS (Direction départementales des affaires sanitaires et sociales), à laquelle est rattachée la Commission des enfants du spectacle) dans un délai de 48 heures. Enfin, la création d'une licence octroyée par l'administration est jugée nécessaire pour moraliser la profession, ainsi qu'un agrément supplémentaire dans le cas d'emploi d'enfants.

En 1986, une enquête du Bureau International Catholique de l'Enfance (BICE)[48] rédigée en collaboration avec l'UNESCO (Organisation des Nations Unies pour l'éducation, la science et la culture) est consacrée au travail des enfants dans les établissements culturels dans divers pays. Elle réitère le droit au loisir et au repos, et réaffirme la nécessité de la lutte contre l'exploitation économique des enfants, principes qui amènent à différencier les activités publicitaires des enfants des activités de loisirs et à considérer qu'elles nécessitent un encadrement par le droit du travail. Si l'enquête est centrée sur les enfants artistes, les enquêteurs mentionnent le cas de la publicité en s'appuyant sur l'enquête de Sibold et Loriot, pour mettre en évidence l'augmentation de ce type d'emploi, et les mesures nécessaires pour protéger les enfants.

Ces différentes activités s'inscrivent dans le processus d'internationalisation des préoccupations morales liées à l'enfance et notamment de la notion de « droits de l'enfant » (Denéchère et Niget, 2015). On peut ainsi inscrire le droit du/au travail des enfants dans cette histoire des justifications morales des « droits des enfants » et de la Convention internationale des droits de l'enfant de 1989, plusieurs fois utilisée dans les débats parlementaires[49] pour justifier une loi pour le travail des enfants mannequins. Les normes internationales qui visent à définir les contours du travail acceptable pour les enfants influent ainsi sur la loi de 1990. Le « travail relationnel » revêt ici une dimension

48 Bureau International Catholique de l'Enfance, Commission des services spécialisés MPPS, juin 1986, remis à l'UNESCO, envoyé au ministère des Affaires sociales (cote 20050117/67, Archives Nationales).

49 Ce sont notamment les articles 31 sur le droit au repos et aux loisirs, 32 sur la protection des enfants contre l'exploitation économique et 34 sur l'utilisation d'enfants aux fins de la production de spectacles à caractère pornographique qui sont ainsi utilisés dans les débats.

internationale : les acteurs puisent des ressources dans la recherche médicale et dans les normes internationales relatives à l'enfance pour délimiter les frontières et l'acceptabilité du travail enfantin.

II.3. DES TRAVAILLEURS SALARIÉS COMME LES AUTRES ? LE CAS DE LA RÉMUNÉRATION

Si certains groupes d'acteurs (médecins, syndicats patronaux, pouvoirs publics) tendent à requalifier les activités publicitaires des enfants en travail, certains publicitaires cherchent en revanche à remettre en cause cette qualification, les enfants n'étant « que » des enfants, et ne pouvant par définition pas travailler.

L'analyse du cas de la rémunération permet de mettre en évidence ces conflits de qualification. Dans une lettre, le syndicat des producteurs de films publicitaires[50] s'offusque des pratiques de rémunération des agences qui octroient des *royalties* aux enfants au même titre que les adultes. Le syndicat s'oppose au versement de rémunération de droit à l'image aux enfants, car cette pratique participe à l'inflation du coût global des publicités et diminue la compétitivité française dans ce secteur au sein de la concurrence européenne : « ce chantage inacceptable fait par les agences à nos clients a comme résultat immédiat de voir tourner de plus en plus de films avec enfants à l'étranger puisque ces droits contribuent à l'inflation du coût global des films publicitaires, et donc diminue notre compétitivité[51]. » Il appelle alors à un boycott des agences qui mettent en place ces rémunérations et menace de se délocaliser à l'étranger. Le syndicat, appuyé par des sociétés de production, présente cette rémunération comme contraire à la protection de l'enfance car elle participe à considérer les enfants comme des travailleurs : « les enfants ne peuvent être des mannequins professionnels et on ne voit pas, dans le cadre de la protection prévue à leur égard, comment les parents ou les agences de mannequins pourraient bénéficier des mêmes avantages pécuniaires que les mannequins adultes[52]. » Les enfants ne pourraient ainsi être que des amateurs, ne nécessitant pas de protection par le droit

50 Lettre du 23/02/1988 par le syndicat des producteurs de films publicitaires, (cote 20050117/67, Archives Nationales).

51 *Ibid.*

52 Lettre du 04/03/1988 par AACP Production, envoyé aux Présidents d'agence (cote 20050117/67, Archives Nationales).

du travail. Le « travail relationnel » des publicitaires consiste ici à mettre le droit face à ses contradictions et à sortir ces activités enfantines de la sphère du travail.

De son côté, le Syndicat de mannequins professionnels associés dénonce ces positions auprès de la DDASS[53] et pose le principe d'une égalité de traitement avec les mannequins adultes. L'ADAMI (Société civile pour l'administration des droits des artistes et musiciens interprètes) s'oppose également à cette vision et appelle les pouvoirs publics à donner aux enfants mannequins les mêmes droits qu'aux adultes et aux enfants acteurs, pour ne pas « frustrer les enfants de droits reconnus aux comédiens et interprètes[54] ».

Ces discussions sont reprises lors des débats parlementaires, au niveau du salaire et des *royalties*. Concernant le salaire, les parlementaires s'opposent à l'idée selon laquelle l'enfant devrait être moins bien payé que l'adulte, ce qui est selon eux une « conception héritée du XIXe siècle[55] ». À l'appui de cette idée, des arguments de productivité sont mobilisés : alors que les enfants travaillant dans les mines pouvaient être considérés comme moins productifs que les adultes, ce n'est pas le cas pour la publicité : « pourquoi l'image d'un enfant utilisée pour une campagne publicitaire produirait-elle un impact inférieur à celle de l'adulte, alors même que pour rien au monde les publicitaires accepteraient de remplacer l'image de l'enfant par celle de l'adulte[56] ? ». Le fait de tirer profit du travail des enfants n'est ici pas remis en cause (ou euphémisé par des arguments éducatifs ou artistiques) : la question concerne l'encadrement de ces mises au travail dérogatoire sans autre fin que des justifications économiques. Ainsi, « à travail égal, l'enfant doit percevoir une rémunération égale à celle de l'adulte et [il] a le droit au respect de son image au même titre que l'adulte. [...] Tant que les publicitaires jugent l'image d'un enfant apte à produire un impact sur un consommateur, l'enfant doit recevoir sa part de cette exploitation[57] ».

---

53 Lettre du 12/06/1989 par le Syndicat des mannequins professionnels associés à la DDASS (cote 20050117/67, Archives Nationales).

54 Lettre du 25/07/1989 par la DDAS au Président du Tribunal pour enfants qui fait état des positions de l'ADAMI (cote 20050117/67, Archives Nationales).

55 Rapport n° 262 (1989-1990) de M. Claude Huriet, fait au nom de la commission des affaires sociales, déposé le 25 avril 1990.

56 *Ibid.*

57 *Ibid.*

Les débats parlementaires mettent au jour ce changement de qualification des activités commerciales enfantines : « si certains d'entre nous ont pu penser que ce métier relevait plus de l'amusement que du travail, la lecture [du rapport de l'IGAS] devrait les persuader du contraire[58] », « je me contenterai de souligner que le texte [de loi] considère, à juste titre, les enfants employés comme mannequins exerçant un véritable travail. Il ne faut plus considérer qu'ils ont une activité ludique[59] ».

Alors que jusqu'aux années 1980 le seul travail des enfants acceptable était le travail artistique (Zelizer, 1985), qu'en est-il de la justification du travail des enfants mannequins, quand l'art et l'épanouissement de l'enfant ne sont plus des arguments mobilisables pour justifier et euphémiser leur mise au travail ? Si, comme nous l'avons vu en deuxième partie, les frontières du travail enfantin s'étendent, comment sont-elles devenues acceptables ?

III. L'ACCEPTABILITÉ ET LA LÉGALISATION DU TRAVAIL « COMMERCIAL » DES ENFANTS : ENTRE PRINCIPE DE « RÉALITE DU MARCHÉ[60] » ET PROTECTION DE L'ENFANCE

Comment se forme un compromis entre protection de l'enfance et « réalité du marché » ? Entre les intérêts supérieurs de l'enfant et les effets de l'internationalisation des économies sur le travail des enfants ? Nous montrerons ici que la visibilisation puis la requalification des activités publicitaires des enfants comme du travail a été un moteur de réglementation d'une profession entière et, qu'en retour, la protection de l'enfance a été conditionnée par la « réalité du marché ». Il s'agit ainsi de penser ensemble protection de l'enfance et évolutions du capitalisme (Boltanski et Chiapello, 1999 ; Mears, 2011).

---

58 M. Julien Dray, socialiste, Compte rendu de la 2e séance du mardi 5 juin 1990, Assemblée Nationale.

59 M. François Rochebloine, centre-droit, Compte rendu de la 2e séance du mardi 5 juin 1990, Assemblée Nationale.

60 Ce terme est utilisé à plusieurs reprises dans le rapport de l'IGAS et dans les débats parlementaires.

III.1. LA PROTECTION DE L'ENFANCE COMME MOTEUR DE RÉGLEMENTATION ET DE « MORALISATION » D'UNE PROFESSION

Dans une période de vaste libéralisation économique, le principe de protection de l'enfance a favorisé la réglementation de la profession de mannequin dans son ensemble. Les agents ministériels, les inspecteurs et les législateurs insistent en effet sur les deux vides juridiques qui entourent la profession de mannequins : celui de la protection des enfants et celui, plus général, du fonctionnement des agences et de la profession de mannequins. Les inspecteurs de l'IGAS rappellent, dans leur rapport de 1987, les dispositions de la loi de 1969 sur la présomption de salariat des mannequins adultes, tout en soulignant l'existence de nombreux contrats oraux dans la pratique, qui mettent à mal la protection des mannequins adultes et enfants. Ils font par ailleurs le constat du développement d'agences de mannequins sans licence et non concernées par la législation sur le travail temporaire, qui pratiquent ainsi du prêt de main-d'œuvre illégal. Selon les inspecteurs de l'IGAS, ces vides juridiques conduisent aux abus mentionnés précédemment (emploi illégal de mannequins étrangers, utilisation abusive d'enfants, non-paiement de cotisations et de charges sociales, non-paiement de mannequins, etc.). L'absence d'employeurs clairement identifiables rend en outre le contrôle des conditions de travail et d'emploi difficile, dans la mesure où il s'agit dans certains cas de l'agence, et dans d'autres cas des publicitaires.

Face à ce vide juridique, c'est l'emploi illégal d'enfants qui a conduit les pouvoirs publics à réglementer la profession entière. La protection de l'enfance a été un des moteurs principaux de la reconnaissance du mannequin (enfant et adulte) comme travailleur devant être protégé par l'État contre les employeurs et les parents (pour les enfants), de la règlementation des relations contractuelles triangulaires entre mannequins, agences et publicitaires, et de l'identification de l'agence comme employeur unique du mannequin. Ainsi, « pour que le Code du travail et le Code de la Sécurité sociale jouent, à l'égard de ces travailleurs intermittents [...] adultes et enfants, le rôle protecteur qu'ils assument à l'égard de tant de salariés de régimes spéciaux, il a semblé indispensable de proposer un système spécifique qui impose le recours au législateur[61] ».

61 Rapport de l'IGAS, *op. cit.*

Avec la loi de 1990, une licence devient obligatoire pour toute agence souhaitant employer des mannequins pour contrôler la « moralité[62] » de leurs directeurs (*via* les casiers judiciaires) et leur solvabilité sur le long terme (garanties financières). À cette licence, s'ajoute un agrément renouvelable tous les ans pour les agences souhaitant employer plus spécifiquement des enfants. Faire des agences les employeurs uniques des mannequins est présenté comme une condition pour contrôler davantage les conditions d'emploi et de travail des mannequins, mais aussi pour permettre aux mannequins adultes de se syndiquer plus facilement qu'en cas de multiplicité d'employeurs sur des contrats très courts.

En ce qui concerne spécifiquement les enfants, le principe de consignation d'une partie de l'argent gagné jusqu'à la majorité de l'enfant à la Caisse des dépôts, déjà mis en place pour les enfants acteurs, permet de protéger l'enfant en lui garantissant l'usage de son propre argent. La loi instaure également des durées de travail maximales en fonction des âges, impose de respecter du repos durant une période qui doit être au moins égale à la moitié des vacances quand l'enfant est employé pendant les vacances, pose le principe de l'interdiction du travail le dimanche et de nuit, et limite les temps de castings aux horaires non scolaires, au mercredi et au samedi. La règlementation a enfin pour ambition de « moraliser » la profession et de contrôler les usages pornographiques des images d'enfants, en interdisant et en se donnant les moyens de sanctionner les prestations dites artistiques par les photographes qui sont « scandaleusement pornographiques et ne tombent pas sous le coup de la loi[63] ».

Contrairement aux activités artistiques qui sont présentées comme positives pour l'enfant, les différents acteurs (pouvoirs publics, médecins) sont unanimes pour dire que « l'apport personnel[64] » de l'activité de mannequins est « nul » pour les enfants et que cette dernière « n'est pas quelque chose de bon pour [leur] développement[65] ». Dès lors, pourquoi l'autoriser, alors que cette activité va à l'encontre du principe d'intérêt supérieur de l'enfant ?

---

62 Ce terme est utilisé par les inspecteurs de l'IGAS, lors des débats parlementaires et dans l'enquête des médecins.

63 Texte n° 306 modifié par l'Assemblée Nationale le 5 juin 1990.

64 Rapport de l'IGAS, *op. cit.*

65 Compte-rendu de la 2e séance du mardi 5 juin 1990 à l'Assemblée Nationale.

III.2. LA « RÉALITE DU MARCHÉ » COMME CONTOURS DE LA PROTECTION DE L'ENFANCE

Après avoir présenté les principes de la loi de 1990 pour montrer que la protection de l'enfance a été un moteur de réglementation économique, il s'agit ici de s'intéresser aux coulisses de la loi pour montrer comment les impératifs économiques ont été pris en compte dans la définition de la protection de l'enfance au travail. Le « travail relationnel » des agents ministériels et des législateurs[66] contribue ici à légitimer le déplacement des frontières du travail enfantin acceptable par des justifications économiques.

Dans les années 1980-1990 le marché de la mode et de la publicité se mondialise (Mensitieri, 2018). Les enfants mannequins ne sont plus à la marge mais font partie d'un secteur important de ces industries. Entre la loi de 1963 mentionnée plus haut qui acte le refus de légaliser le travail des enfants mannequins et celle de 1990, l'économie a connu une phase d'internationalisation, ce qui s'observe dans les logiques qui guident la protection de l'enfance au travail. En effet, cette dernière ne doit pas mettre à mal selon les pouvoirs publics (plus particulièrement la Direction des Relations du Travail) la compétitivité française sur le marché européen et mondial de la publicité.

Dans leur rapport de 1987, les inspecteurs de l'IGAS[67] rappellent la nécessité de « s'adapter au réel » et l'impossibilité d'aller contre les « forces du marché ». Pour cela, il faut selon eux « orienter » le marché vers les agences afin de faciliter les contrôles et la protection des enfants. Cela les conduit à préconiser de ne pas mettre en place des mesures trop « drastiques » ou trop « protectionnistes » (notamment en termes de cotisations) pour éviter le travail clandestin et les risques de délocalisation vers d'autres pays européens aux légalisations moins protectionnistes. Selon eux, « les économies libérales sont aujourd'hui des systèmes ouverts à la compétition internationale. Le métier de

66 Si jusqu'ici, nous avons parlé des agents ministériels et des législateurs pour mettre au jour les positions majoritaires des divers acteurs, il ne s'agit pas pour autant d'homogénéiser ces catégories. Porter attention aux coulisses de la loi permet ainsi de montrer les conflits et désaccords au sein des Ministères et entre les différents partis du Parlement sur les compromis possibles entre impératifs marchands et protection de l'enfance.

67 Rapport de l'IGAS, *op. cit.*

mannequin est sans doute le plus représentatif d'une évolution vers l'internationalisation du marché de l'emploi[68] ».

Durant les commissions et réunions préparatoires du projet de loi, la Direction des Affaires Sociales (DAS) et la Direction des Relations du Travail (DRT) s'opposent sur les principes à suivre : alors que la DAS a pour principe central l'intérêt supérieur de l'enfant, la DRT centre ses décisions sur les conditions de travail d'une part, et sur l'absence d'entrave à l'expansion du marché d'autre part : la DRT insiste sur la nécessité d'être « prudent » dans la mesure où « une modification apportée pour protéger les enfants aurait des répercussions dans tout le secteur[69] ».

Les discussions entre les agences et la DRT conduisent ainsi à écarter un certain nombre de préconisations des médecins : le principe de l'autorisation individuelle d'emploi d'enfant, qui est la norme pour les enfants employés par les établissements culturels est remplacé par une autorisation générale et collective *via* un agrément octroyé à l'agence par l'inspection du travail (une agence qui a un agrément peut employer des enfants et leur proposer un nombre de contrats qui n'est pas contrôlé). Cette solution était également présente dans les préconisations de l'IGAS qui présentait cette « tolérance [...] extraordinairement laxiste » comme une nécessité par souci de « réalisme » et « d'efficacité[70] » ; s'alignant sur les arguments du réalisme économique.

Le principe de la licence octroyée aux agences diffère des licences des agences artistiques : les agences de mannequins jugent en effet les commissions des agences artistiques (10 %) trop faibles par rapport à leur pratique, qui consiste à prélever 40 à 50 % des salaires et « menacent de fermer et de travailler à l'étranger ou de façon illégale » en cas d'alignement sur les agences artistiques[71].

Les agences considèrent que les délais de la Commission des enfants du spectacle, à laquelle devaient être rattachés les enfants mannequins,

---

68 *Ibid.*

69 Compte rendu de réunion au ministère des Affaires sociales entre la Direction des Affaires sociales et la Direction des Relations du Travail, 10/10/1984 (cote 20050117/67, Archives Nationales).

70 Rapport de l'IGAS, *op. cit.*

71 Compte rendu de réunion au ministère des Affaires sociales entre la Direction des Affaires sociales et la Direction des Relations du Travail, 10/10/1984 (cote 20050117/67, Archives Nationales).

sont trop longs (de l'ordre d'un mois) et mal adaptés à la fréquence des contrats dans la publicité.

Ces différents éléments (individualisation des autorisations, montant des commissions, délais de traitement des dossiers) sont remontés dès 1986 dans une note du ministère des Affaires sociales qui fait état de l'opposition des agences à un premier projet de loi : « compte tenu de ces observations, l'adoption de ce projet de loi risquerait d'entraîner la disparition des agences d'enfants mannequins, ce qui aurait comme conséquence un développement de travail clandestin dans cette profession et vraisemblablement le transfert de cette activité dans des pays limitrophes qui ne possèdent pas de règlementation pour l'emploi des enfants mannequins[72] ».

En ce qui concerne l'interdiction du travail des enfants de moins de deux ans, les médecins présentent cette interdiction comme indispensable : ces deux années sont présentées comme un moment d'épanouissement et de développement de l'enfant qui ne pourrait en aucun cas être dévolu à une mise au travail. Malgré cette préconisation et l'intérêt porté aux recommandations médicales, ainsi que la proposition d'un tel amendement par le groupe communiste par principe de « dignité humaine », la nécessité de prendre en compte « les impératifs de la production publicitaire[73] » dont la demande de travail concerne les très jeunes enfants, conduit les pouvoirs publics à refuser cette proposition par « principe de liberté[74] ».

Ces arguments sont repris par les parlementaires libéraux lors des débats, qui insistent sur la concurrence européenne et le risque de la délocalisation. Aller trop loin dans la réglementation « risquerait d'handicaper des agences de mannequins exerçant en France et de les empêcher de saisir des perspectives de développement qui pourraient s'offrir à cette profession, voire de les inciter à délocaliser malgré le rôle irremplaçable joué par Paris dans une carrière de mannequin[75] », et « ferait perdre aux agences françaises un marché très important, celui des publicités où les enfants sont présents[76] ».

---

72 Note du ministère des Affaires sociales, 04/12/1986, (cote 20050117/67, Archives Nationales).

73 Rapport n° 262 (1989-1990) de M. Claude Huriet, fait au nom de la commission des affaires sociales, déposé le 25 avril 1990.

74 *Ibid.*

75 *Ibid.*

76 Texte n° 306 de l'Assemblée Nationale, *op. cit.*

Les socialistes et les communistes de l'Assemblée nationale présentent quant à eux cette loi comme un progrès social qui pourrait faire référence : en comblant ce vide juridique, commun à l'ensemble des pays européens, la France pourrait être la « référence[77] » pour les autres, prendre l'initiative d'une directive européenne concernant l'encadrement des agences, voire internationale au sein de l'OIT : « une telle initiative permettrait à la France de ne pas se trouver en situation défavorable par rapport à la concurrence internationale et constituerait un apport positif de progrès social[78] ».

Cependant, malgré la reconnaissance des impératifs du marché, et l'impossibilité d'interdire l'utilisation d'enfants, il apparaît à certains d'entre eux qu'accepter « cette façon d'utiliser l'image d'enfants à des fins mercantiles[79] » et avec des conditions de travail non respectueuses du développement de l'enfant, reste dans tous les cas « immorale[80] », même si la France apparaît pionnière dans la protection de cette catégorie d'enfants. Pour les centristes et la droite, la question « morale » ne se pose pas, puisque les forces du marché rendent ce travail indispensable. Il faut donc pour eux adapter la législation au « réel[81] » : « dans le monde entier, même s'il est vrai que les familles y poussent, les frimousses émouvantes et câlines de nos enfants s'étalent sur la publicité. L'interdire en France serait absurde[82] ».

Une fois la loi votée, le ministère des Affaires sociales critique les positions libérales de la DRT en affirmant que la protection de l'enfance a été « perdue de vue[83] » pendant une année d'échanges et de compromis avec les professionnels du secteur, que la loi votée n'est pas assez contraignante et protectionniste, et que la lenteur de l'écriture du décret porte préjudice aux enfants. Le ministère des Affaires sociales se dit « très très inquiet[84] » de cette loi « pas assez protectionniste » du fait des multiples

77 Rapport n° 262 du Sénat, *op. cit.*
78 Texte n° 306 de l'Assemblée Nationale, *op. cit.*
79 *Ibid.*
80 *Ibid.*
81 Ce terme revient à plusieurs occurrences dans le rapport de l'IGAS et dans les débats parlementaires.
82 Texte n° 306 de l'Assemblée Nationale, *op. cit.*
83 Note du ministère des Affaires sociales, secrétariat d'État à la famille, à l'intention du Conseiller social au cabinet du Premier ministre, 12/11/1991, (cote 20050117/67, Archives Nationales).
84 *Ibid.*

négociations. La durée de travail des enfants est ainsi considérée comme « trop importante » et les repos pendant les vacances trop faibles. À la suite de la promulgation d'un décret en 1992, le syndicat de mannequins parle « d'urgence » dans une lettre de 1993[85], date à laquelle les agréments n'avaient pas encore été mis en place, laissant les enfants en danger et sans protection malgré la promulgation de la loi. La mise en application de la loi devient effective au milieu des années 1990.

Dans l'ensemble de ces débats, on ne trouve pas de discussion poussée sur la différence entre les enfants et les adolescents, hormis pour déterminer des durées de travail journalières différentes en fonction des tranches d'âge. Si le fait que des mineurs entre 16 et 18 ans employés dans des agences de mannequins adultes est mentionné au début des débats parlementaires et qu'un vide juridique existe alors à leur égard, la loi de 1990 concerne uniquement les enfants de moins de 16 ans (astreints à la scolarité obligatoire)[86]. Par ailleurs, les débats se centrent largement sur les plus jeunes enfants et conduit les pouvoirs publics à considérer que l'activité de mannequin n'apporte rien au bon développement de l'enfant. Cependant, à partir des années 1990, la carrière de mannequin devient de plus en plus désirable pour les adolescentes, étant donné « l'imaginaire de rêve associé à cette profession » dans le capitalisme néolibéral, alliant pouvoir de l'apparence et pouvoir économique (Mensitieri, 2018, p. 118). L'homogénéisation de l'expérience enfantine dans les débats ne permet pas non plus de prendre en compte les « enfants » qui, à partir de 13-14 ans, sont de plus en plus employés sur le marché adulte.

Ainsi, le « travail relationnel » des agents ministériels et des législateurs qui consiste à justifier l'intégration des enfants dans un marché du travail publicitaire, ne s'appuie plus désormais sur un discours sur l'art qui tend à euphémiser le travail (Zelizer, 1985), mais sur des arguments majoritairement économiques, suivant les évolutions du capitalisme de la fin du XXe siècle.

---

85 Lettre du Syndicat des mannequins professionnels au ministère des Affaires sociales, 15/10/1993, (cote 20050117/67, Archives Nationales).

86 La Convention internationale des droits de l'enfant définit les enfants comme les mineurs de moins de 18 ans.

CONCLUSION

« Ce n'est plus, comme au XIXe siècle, la capacité d'un enfant à travailler qui détermine sa valeur d'échange, ce sont ses sourires, ses fossettes ou ses cheveux bouclés qui fixent le prix du bébé au XXe siècle. » (Zelizer, 1992, p. 12)

Parallèlement à l'institutionnalisation d'un « intolérable » du travail enfantin (Bourdelais, 2005), la mise au travail dérogatoire des enfants s'est étendue au fil du XXe siècle dans les sociétés développées à différents secteurs de l'économie. Cette extension s'inscrit contre l'idée d'une autonomisation croissante des enfants vis-à-vis de l'économie de marché (Zelizer, 2002).

En prenant l'exemple de la légalisation du travail des enfants mannequins en France, nous avons montré comment les principes de protection de l'enfance et les évolutions du capitalisme se construisent relationnellement. Nous avons mis en lumière, d'une part, comment la protection de l'enfance est façonnée par des impératifs économiques, et d'autre part, comment la protection de l'enfance a été un moteur de règlementation du travail. Le « travail relationnel » de divers acteurs participe ainsi au déplacement des frontières du travail enfantin acceptable. Les activités « commerciales » des enfants sont progressivement intégrées au sein de ces frontières, la protection des enfants vis-à-vis de l'exploitation de leurs parents et des employeurs étant théoriquement garantie par l'intervention de l'État.

Les résultats présentés dans cet article pourraient conduire à deux pistes de recherche, l'une concernant l'extension du travail des enfants au-delà du monde salarial avec l'émergence des enfants influenceurs, et l'autre concernant l'application de ces outils d'analyse à d'autres économies développées, notamment les États-Unis.

D'une part, l'étude du cas des enfants mannequins permet d'éclairer les débats parlementaires de 2020 sur les enfants influenceurs. L'émergence de ces derniers témoigne de la marchandisation des loisirs et de la vie quotidienne (Naulin et Jourdain, 2020), qui contribue à étendre les frontières du travail publicitaire des enfants à des secteurs en marge du salariat. Si ces pratiques ne sont actuellement pas encadrées par la loi, la France cherche à combler ce vide juridique en légiférant pour que ces activités soient réglementées au même titre que celles des enfants acteurs et mannequins. Les débats parlementaires qualifient ces nouvelles activités comme de « nouvelles formes d'entrepreneuriat[87] », dont les enfants pourraient légitimement s'emparer tout en étant protégés comme les autres enfants travailleurs.

D'autre part, l'analyse menée dans cet article pourrait être appliquée à d'autres pays du Nord, notamment aux cas états-uniens. La distinction entre enfants artistes (*child performers*) et enfants mannequins (*child models*), et la différence de traitement de ces deux ensembles d'enfants travailleurs se retrouvent dans les deux États américains qui recrutent le plus d'enfants, New York et la Californie. Alors que les *child models* sont intégrés dans la législation des *child perfomers* en Californie au début des années 2000, ce n'est pas le cas jusque dans les années 2010 dans l'État de New York (Tepper, 2013 ; Ortega, 2013)[88]. En 2012, *Model Alliance*, syndicat de mannequins, mène une campagne devant le *New York Department of Labor* pour que les *child models* soient considérés comme des travailleurs à part entière au même titre que les *child perfomers*, ce qui est acté par le *Child Performers Protection Act* de 2015. Cependant, le statut d'indépendants des *child models* (ils ne sont pas salariés et l'agence n'est pas considérée comme l'employeur principal des mannequins) rend difficile l'application de la loi (Paccione, 2017). La comparaison précise de ces cas permettrait de comprendre l'état des rapports de force entre États et industries qui conduisent les économies développées à considérer les enfants mannequins comme des enfants travailleurs comme les autres et à les protéger plus ou moins fortement.

87 Compte rendu des débats en commission des Affaires culturelles, 05/02/2020, Rapport de l'Assemblée Nationale n° 2651.

88 Par exemple, les *child models* n'étaient pas encadrés par le *Department of Labor*, contrairement aux *child performers*, les *child models* étaient souvent employés sans permis et sans contrat, il n'y avait pas de superviseurs accompagnant l'enfant contrairement au *child performers*.

RÉFÉRENCES BIBLIOGRAPHIQUES

Arborio A.-M., 2016, « Visibilisation, invisibilisation du travail », *in* Calderón J.-A., Demailly L. et Muller S., *Aux marges du travail*, Octares, p. 11-13.

Becchi E., Julia D., 1998, *Histoire de l'enfance en Occident. Du XVIIIe siècle à nos jours*, vol. 2, Seuil.

Boltanski L., Chiapello È., 1999, *Le nouvel esprit du capitalisme*, Paris, Gallimard.

Bourdelais P., 2005, « L'intolérable du travail des enfants. Son émergence et son évolution entre compassion et libéralisme, en Angleterre et en France », *in* Fassin D. et Bourdelais P., *Les constructions de l'intolérable*, La Découverte, p. 91-109.

Brougère G., 2006, « Le jouet, un objet pour la sociologie de l'enfance ? », *in* Sirota R., *Éléments pour une sociologie de l'enfance*, Rennes, Presses Universitaires de Rennes, p. 257-266.

Buckingham D., 2011, *The material child : Growing up in consumer culture*, Polity Press.

Commaille J., 1994, *L'esprit sociologique des lois. Essai de sociologie politique du droit*, Presses Universitaires de France.

Cross G., 1999, *Kids' stuff : Toys and the changing world of American childhood.* Harvard University Press.

Denéchère Y., Niget D., 2015, *Droits des enfants au XXe siècle*, Presses Universitaires de Rennes.

Gollac M., Volkoff S., Wolff L., 2014, *Les conditions de travail*, La Découverte.

Kergoat D., Imbert F., Le Doaré H., Senotier D., 1992, *Les Infirmières et leur coordination*, Paris, Lamarre.

Krinsky J. (dir.), 2007, Special issue « Constructing Workers », *Qualitative Sociology*, vol. 30, n° 4.

Krinsky J., Simonet M., 2012, « Déni de travail : l'invisibilisation du travail aujourd'hui », *Sociétés contemporaines*, vol. 3, n° 87, p. 5-23.

Lemercier C., 2011, « "Il faut parler de ce qu'on sait" : "hommes pratiques", "économistes distingués" et législateurs face au travail des enfants (1837-1874) », *in* Charle C., Vincent J. (dir.), *La société civile. Savoirs, enjeux et acteurs en France et en Grande-Bretagne (1780-1914)*, Rennes, PUR, p. 127-145.

Lizé W., Naudier D., Roueff O., 2011, *Intermédiaires du travail artistique. À la frontière de l'art et du commerce*, Ministère de la Culture, DEPS.

Manier B., 2011, *Le travail des enfants dans le monde*, La Découverte.

Mears A., 2011, *Pricing Beauty. The Making of a Fashion Model*, University of California Press.

Mensitieri G., 2018, *Le plus beau métier du monde. Dans les coulisses de l'industrie de la mode*, La Découverte.

Naudier D., 2013, « La construction sociale d'un territoire professionnel : les agents artistiques », *Le Mouvement Social*, vol. 243, n° 2, p. 41-51.

Naulin S., Jourdain A., 2020, *The social meaning of extra money. Capitalism and the commodification od domestic and leisure activities*, Palgrave Macmillan.

Ortega K., 2013, « Striking a pose : Protecting the welfare of child models. », *Cardozo L. Rev*, vol. 35.

Paccione A., 2017, « On trend : continuig the effort to inspire fashion industry reform and protect underage fashion models », *Seton Hall Legis*, vol. 41.

Steiner P., Trespeuch M., 2014, *Marchés contestés. Quand le marché rencontre la morale*, Presses Universitaires du Midi.

Tepper C., 2013, « A Model for Success : Why New York Should Change the Classification of Child Models Under New York Labor Laws. », *The New York State Bar Association's Entertainment, Arts & Sports Law Journal*, vol. 24, n° 2.

Zappi L., 2017, « Jeunes travailleurs, jeunes consommateurs. Les enquêtes sociales et la place des jeunes au sein des familles de milieux populaires », *Mil neuf cent. Revue d'histoire intellectuelle*, vol. 35, n° 1, p. 81-101.

Zelizer V., 1985[1994], *Pricing the priceless child : The changing social value of children*. Princeton University Press.

Zelizer V., 1992, « Repenser le marché. La construction sociale du "marché aux enfants" aux États-Unis », *Actes de la recherche en sciences sociales*, vol. 94, n° 1, p. 3-26.

Zelizer V., 2002, « Kids and commerce. », *Childhood*, vol. 9, n° 4, p. 375-396.

Zelizer V., 2005, *The Purchase of Intimacy*, Princeton University Press.

« MON TRAVAIL : CRÉATRICE DE CONTENUS ENGAGÉE »

Enjeux de la professionnalisation de la prescription écoresponsable sur les réseaux socionumériques

Marion MICHEL
Centre de sociologie
des organisations
Ademe

En décembre 2020, Émilie publie sur sa page Instagram une photo d'elle assise sur un canapé dans laquelle elle promeut un site Internet vendant des produits écologiques zéro-déchet et faits en France (*cf.* FIG. 1). Cette publication, s'adressant à une audience relativement large (plus de 60 000 personnes), relève d'une forme de contestation sociale, la consommation engagée en lien avec l'écologie (Dubuisson-Quellier, 2018). Elle a aussi un objectif marchand : Émilie a été recrutée par le site Internet pour faire de la publicité auprès de sa communauté d'abonnés.

Dans la légende de sa publication, Émilie insiste sur le caractère écoresponsable du produit présenté et sur le fait qu'elle ne pousse pas à la consommation (« *je rappelle que mon but n'est pas d'inciter à l'achat* »). Cette pratique de justification interroge sur la façon dont se fait une recommandation écologique sur les réseaux socionumériques[1] et sur les tensions qui peuvent se produire lorsque cette recommandation est rémunérée.

1 « Nous définissons les sites de réseaux sociaux en tant que services web qui permettent aux individus de (1) construire un profil public ou semi-public, dans un système borné, (2) articuler une liste d'autres utilisateurs avec lesquels ils partagent un lien, et (3) voir et arpenter leur liste de liens et celles établies par d'autres au sein du système. La nature et la nomenclature de ces liens peuvent varier d'un site à l'autre » (Boyd et Ellison, 2008, p. 211).

FIG. 1 – Exemple de publication écoresponsable rémunérée (Instagram, décembre 2020).

L'usage croissant des réseaux socionumériques et les multiples modalités de publication qu'ils offrent hybrident certaines formes d'activité, en créant des espaces de visibilité où des logiques de réputation encadrent les relations et interactions (Cardon, 2019 ; Chauvin, 2013). Instagram, YouTube, Facebook ou encore les blogs sont les supports de dispositifs marchands de socialisation à une marque (Raymond, 2012) par des entreprises visant des audiences plus jeunes, à moindre coût (Flores et Vernette, 2004 ; Marty, 2021). Dans le cadre d'une économie de la qualité où le prix ne reflète pas toute l'information disponible, les consommateurs ont recours à des dispositifs de confiance pour réduire l'incertitude sur les produits (Karpik, 1989). La production de contenus est alors un moyen de faire de la prescription en ligne pour faciliter la vente (Hatchuel, 1995).

Cette forme de marketing, dite bouche-à-oreille (Mellet, 2009), passe par le recrutement d'intermédiaires de marché appelées créatrices de contenus[2]. Une créatrice de contenus est une personne utilisatrice des réseaux socionumériques qui utilise le lien créé avec sa communauté d'abonnées pour promouvoir des produits et pratiques (Abidin, 2016, 2018). Si la prescription sur les réseaux socionumériques n'est pas, au départ, marchande (Stenger et Coutant, 2009), plusieurs créatrices de contenus demandent une rémunération, en insistant sur le fait que cette activité de *leader* d'opinion (Katz et Lazarsfeld, 1955) repose sur un travail en ligne et hors ligne. Entretenir une communauté d'abonnées et négocier des rémunérations implique en effet la création et l'entretien d'une identité numérique articulant authenticité et spontanéité (Allard et Vandenberghe, 2003 ; Cunningham et Craig, 2017). Cette authenticité doit être articulée à la construction d'une image d'experte afin d'être efficace d'un point de vue marchand (Arriagada et Bishop, 2021). Le maintien de cette identité implique un travail quotidien de gestion des algorithmes et de maintien d'une relation de proximité avec la communauté d'abonnées (Bishop, 2019 ; Kellogg *et al.*, 2020 ; Mäkinen, 2020). Au sein de l'espace de la création de contenus, une prescriptrice doit ainsi à la fois se construire comme une personne digne de confiance et constituer son image de marque – l'amicalité faisant partie de la relation marchande (Van Driel et Dumitrica, 2021). Cela peut être source de tension dans la mesure où la relation de confiance repose sur l'honnêteté de la présentation et sur la neutralité du jugement exercé (Karpik, 1996).

Cet espace est donc un espace paradoxal dans la mesure où la marchandisation d'un compte entre en conflit avec l'injonction à l'authenticité et lui nuit. En conséquence, les trajectoires au sein de l'espace marchand de la prescription sont instables : elles durent peu de temps, les sorties de l'activité sont fréquentes et la création de contenus est souvent un travail qui ne permet pas de dégager suffisamment de revenus pour vivre de l'activité. Alors même que l'espace de la prescription écoresponsable est vu comme un moyen de s'extraire d'une activité salariée pénible, de se réaliser en s'exprimant et en créant tout en étant rémunérée, la création de contenus est plutôt un travail « à côté » (Beauvisage *et al.*, 2018) peu reconnu, souvent gratuit (Simonet, 2018). C'est également

2 La prescription marchande numérique étant majoritairement pratiquée par des femmes à destination de femmes (Duffy et Schwarz, 2017), nous avons choisi de féminiser les termes de créatrices de contenus, d'abonnées et de consommatrices.

une activité très hiérarchisée : une minorité de créatrices de contenus capte une majorité de l'audience et donc des rémunérations (Cardon, 2019 ; Naulin, 2014 ; Jourdain et Naulin, 2019).

Nous nous demandons comment un critère moral[3], l'écoresponsabilité, modifie les façons de faire, les trajectoires et les échanges sur cet espace. L'introduction d'une dimension militante fait émerger des pratiques de contestations morales de la part des acteurs du marché ; des personnes choisissent de présenter, de produire ou d'acheter des biens dont l'impact environnemental est réduit. Ce type de marché moralisé n'est pas exempt de contraintes car les différents acteurs s'affrontent pour une bonne définition de l'écoresponsabilité (Balsiger, 2021 ; Balsiger et Schiller-Merkens, 2019). Ces conflits moraux touchent à la façon dont se font les échanges marchands : quels biens ou services doivent être échangés, comment et à quel prix ? Plusieurs acteurs apportent des définitions externes parfois antagonistes de la façon dont se font ces échanges. Le caractère marchand de l'activité d'intermédiation peut ainsi faire l'objet de critiques de la part des consommateurs ou d'entreprises qui trouvent immoral le fait de gagner de l'argent pour une cause militante (Bereni et Dubuisson-Quellier, 2020). Le critère écoresponsable peut également aggraver les contraintes existantes par la formulation d'une critique écologique (Lafaye et Thévenot, 1993) qui conduit à contester le marché (Steiner et Trespeuch, 2014) et à refuser qu'une intermédiation militante existe quand elle est rémunérée.

Cette définition, externe, par d'autres acteurs du marché, est d'autant plus problématique pour les créatrices de contenus qu'elle n'est pas adossée à une définition administrative de profession instituée qui encadrerait les pratiques[4]. Activité à la frontière de l'amateurisme et du militantisme, la création de contenus est une activité émergente, marquée par une forte précarité objective (Corteel *et al.*, 2009). Elle apparait ainsi comme dépourvue des traits saillants qui permettent de tracer les frontières d'un

3 Le terme de morale est entendu ici comme une mise en correspondance de comportements avec des préoccupations (construites et situées) de justice, d'égalité ou de nuisance à autrui (Hitlin et Vaisey, 2013 ; Turiel, 2002 ; Zelizer, 2017).

4 Il n'existe pas de règlementation spécifique applicable à l'influence sur les réseaux socionumériques : les créateurs de contenus sont soumis au droit commun de la publicité. Pour l'Autorité de Régulation Professionnelle de la Publicité (ARPP), la nature commerciale d'une publication doit être divulguée sans ambiguïté. Elle peut sanctionner les contrevenants mais ne dispose pas du pouvoir de surveillance nécessaire pour appliquer cela.

groupe professionnel au sens d'un ensemble de travailleurs exerçant la même activité, doté d'une légitimité et d'une visibilité sociale (Demazière et Gadéa, 2009). L'article met précisément en évidence l'ensemble des efforts fournis par les créatrices de contenus pour professionnaliser leur activité, c'est-à-dire pour légitimer aux yeux d'une écologie d'acteurs (Abbott, 2003) la rémunération monétaire d'un ensemble de tâches qui relèvent selon elles du travail. Cette professionnalisation répond de fait à un déni de travail de la part des consommatrices et des entreprises de produits écoresponsables. Pour faire face aux critiques de ces dernières et accroître leur contrôle sur l'activité, les créatrices de contenus mettent en place des dispositifs de confiance (Karpik, 1996) fondés sur l'argument éthique. Paradoxalement, cette professionnalisation repose elle-même sur beaucoup de travail gratuit (Simonet, 2018), pour mettre en place de tels dispositifs notamment.

Notre étude de l'activité de prescription écoresponsable sur les réseaux socionumériques se fonde sur une enquête à la fois en ligne, sur les espaces français d'Instagram, Facebook ou des blogs, et hors ligne. Une base de 600 profils réalisant de la prescription écoresponsable sur Instagram a fait l'objet d'observations ethnographiques à la fois sur des données permanentes (publications) et temporaires (*stories*) pour différents formats de contenus (vidéos, textuels, imagés) entre novembre 2019 et décembre 2021 (encadré 1). Une aspiration ou *scraping* de données textuelles et d'audience a également été faite sur le groupe Facebook « Profession création de contenus éthiques » regroupant 250 créatrices de contenus éco-responsables (encadré 2). Cette aspiration de 70 publications et de leurs commentaires entre novembre 2019 et décembre 2020 a été réalisée avec Python. Cette enquête en ligne a été doublée d'une enquête hors ligne par entretiens de personnes au sein de la base de profils en faisant varier des critères d'âge, de localisation géographique et de taille de la communauté[5]. Il s'agissait de créatrices de contenus (n=31) ou d'intermédiaires sur le marché (agences de communication, personnes proposant des formations aux créatrices de contenus, n=3). Quatorze entretiens ont également été menés eu sein d'entreprises, auprès de leurs fondatrices (n=9) ou de salariées responsables de la communication (n=5).

5 Afin de situer au mieux les enquêtées, nous indiquons le nombre d'abonnées et l'âge du blog ou de la page Instagram qui sont déterminants dans la caractérisation des utilisatrices des réseaux en ligne (Cardon, 2019 ; Naulin, 2014)

Afin de compléter l'analyse faite en ligne, une partie des entretiens était consacrée à un commentaire des publications sur le profil des enquêtées.

Cet article éclaire la manière dont les créatrices de contenus mobilisent le critère écoresponsable pour se réclamer d'une expertise propre à leur activité et pour imposer leur définition d'un groupe professionnel de créatrices de contenus. Dans une première partie, nous montrerons que l'activité de création de contenus écoresponsables sur les réseaux socionumériques fait l'objet de définitions externes qui rendent difficile le maintien sur le marché et l'exigence d'une rémunération. Nous étudierons ensuite les stratégies mises en œuvre pour répondre à ces contraintes. La deuxième partie montrera ainsi comment les créatrices de contenus écoresponsables se réclament de compétences techniques, de savoir-faire et de codes éthiques relevant de l'activité professionnelle pour négocier la systématicité des rémunérations et instituer une définition interne de leur activité. Le caractère récent de l'activité, l'absence de formation spécifique dédiée à celle-ci et un encadrement juridique lâche amènent alors à s'interroger sur la façon dont ces revendications de professionnalisation s'incarnent dans les relations entre créatrices de contenus. Nous montrerons dans une troisième partie comment les créatrices de contenus travaillent à faire le marché, en définissant entre elles des bonnes pratiques de prescription écoresponsable afin de maitriser la définition de leur activité.

1. Prescription écoresponsable sur les réseaux socionumériques : de qui parle-t-on ?
Données sociodémographiques de la base de profils

94 % des comptes de la base constituée sont détenus par des femmes, dont 25 % ont au moins un enfant. L'échantillon étudié montre une faible dispersion de l'âge : 75 % d'entre elles ont entre 28 et 31 ans. Elles sont très diplômées, titulaires d'un master 2 pour la majorité, souvent en marketing du web, en communication ou sortant d'une école de commerce. Le travail de prescription se faisant majoritairement à domicile, il ne requiert pas d'implantation géographique particulière. C'est pourquoi l'origine géographique des créatrices de contenus suit la répartition générale sur le territoire français. Sur Instagram, les créatrices de contenus écoresponsables de l'échantillon étudié ont en moyenne 9 700 abonnées, en majorité des femmes. On parle alors, en marketing, de micro ou nano influence[6]. Cette moyenne cache des disparités énormes puisque 70 % des créatrices de contenus ont moins de 5 000

6 Source : Kolsquare, plateforme numérique dédié au marketing d'influence.

abonnées. Cinq personnes seulement ont plus de 100 000 abonnées. Cela représente une faible audience par rapport à d'autres secteurs de prescription sur les réseaux socionumériques. Les pratiques écoresponsables prescrites sont des pratiques quotidiennes et individuelles, majoritairement féminines.

Les entreprises recrutant ces créatrices de contenus sont en majorité des microentreprises (MIC) et parfois des petites et moyennes entreprises (PME). Les biens et services qu'elles produisent sont multiples et peuvent être de la mode éthique ou de seconde main (Balzac Paris), des cosmétiques (Lamazuna), ou des accessoires zéro-déchet (*only one planet*). Une fois un contrat conclu entre elles et l'entreprise, les créatrices de contenus écoresponsables se mettent en scène avec un produit et le décrivent à leur communauté d'abonnées, en identifiant le nom de l'entreprise et le lieu (physique ou en ligne) où le produit peut être acheté. Comme les créatrices de contenus, les entreprises ont un profil sur Instagram[7].

2. Constitution de la base de profils sur les réseaux socionumériques

Dans le cadre de l'étude de l'activité de création de contenus écoresponsables, deux réseaux socionumériques ont fait l'objet d'une aspiration automatisée des données : Instagram (sur des comptes publics) et Facebook (sur un groupe privé).

Sur Instagram, et afin de rendre possible l'étude de données textuelles, nous avons préalablement constitué une base de profils de personnes écrivant en français sur le territoire français. La construction de cette base s'est faite en plusieurs temps et avec deux logiques afin d'identifier clairement les profils en lien avec l'écologie et de ne pas se laisser entraîner par l'algorithme d'Instagram qui occultait certains comptes.

Premièrement, dans une logique de sélection, nous avons identifié par mots clés, *via* les *hashtags* « #écolo » ou encore « #green », puis avec d'autres moteurs de recherche, les principaux comptes reliés à la prescription écoresponsable. Cette première étape de choix de comptes a été complétée par l'utilisation d'un outil de veille des réseaux socionumériques, Talkwalker, qui a permis de passer outre l'algorithme d'Instagram[8], *via* une recherche par mots clés externe au réseau. Dans un second temps, une logique d'antisélection a primé et nous avons trié les comptes préalablement sélectionnés afin de savoir s'ils traitaient de prescription écoresponsable. Au cours de ce travail manuel de vérification, nous avons choisi d'exclure les comptes dont l'écoresponsabilité n'était pas le thème principal (personnalités publiques, naturopathes, yogis).

7 Par la suite, lorsqu'un extrait d'entretien fait intervenir une personne travaillant dans une entreprise, nous mentionnons le nombre d'abonnées de l'entreprise sur Instagram.

8 L'accès à cet outil a été permis par une collaboration avec Valérie Peugeot, Thomas Beauvisage et l'équipe d'OrangeLabs (Sense) que je remercie pour cette opportunité.

I. ENTRE MILITANTISME ET ACTIVITÉ MARCHANDE, PRESCRIRE SUR UN ESPACE FRONTIÈRE

Sur les réseaux socionumériques, les créatrices de contenus écoresponsables sont amenées à interagir avec différentes actrices. Parmi celles-ci, entreprises et consommatrices formulent leur propre point de vue sur ce que doit être le travail de prescription écoresponsable. Cette définition de l'activité repose en fait sur un déni de travail qui conduit à amateuriser la pratique de création de contenus.

I.1. LA PRESCRIPTION ÉCORESPONSABLE MARCHANDE CONTESTÉE PAR LES CONSOMMATRICES DE CONTENUS

Les créatrices de contenus sont à la frontière entre activité marchande et activité de militantisme écologique, qu'elles entendent comme la mise en avant d'un mode de vie éco-responsable. C'est de cette manière que Charlène explique son action à la suite de l'adoption d'un mode de vie zéro-déchet et minimaliste en matière de mode :

> Je me suis dit ok, il y a quelque chose à faire : c'est vraiment important de sensibiliser les consommateurs sur d'où vient vraiment le vêtement, les conditions dans lesquelles il a été fabriqué. Parce qu'on a tous la possibilité d'agir et d'arrêter de financer ces grandes marques qui contribuent à ça. (Charlène, 15 000 abonnées, 6 ans)

Cette activité de militantisme écologique s'articule ainsi avec le vécu de l'enquêtée, sa trajectoire biographique. Son engagement prend la forme d'une prescription de consommation écoresponsable, voire de déconsommation (achat de seconde main, refus des usages uniques, recyclage et réparation). Cette prescription peut faire l'objet d'une transaction avec des entreprises, avec parfois une contrepartie matérielle (don de produit) ou financière. Ces transactions suscitent des contestations de la part de la communauté d'abonnées des créatrices de contenus qui dénonce cette activité publicitaire en mobilisant le critère écoresponsable.

Les créatrices de contenus se voient en effet adresser des critiques par des abonnées qui jugent leur activité insuffisamment écoresponsable. Celles-ci peuvent être liées à la faible efficacité de démarches comme le zéro-déchet, ou à l'impact environnemental des achats neufs, même écoresponsables. Un commentaire à la suite de la publication d'une vidéo d'une enquêtée (Charlotte, 2 000 abonnées, 5 ans) illustre cela « *ENFIN un post qui propose du seconde main ou qui incite à utiliser ce que l'on a plutôt que de montrer un énième partenariat avec une marque faussement éthique hors de prix. Bravo.* ». Pour certaines abonnées, l'écologie devrait être associée à de la déconsommation, ce qui n'est pas le cas pour les créatrices de contenus : le caractère éthique des produits promus ne serait pas vérifié. C'est donc le caractère utile et efficace de l'achat encouragé par la prescription qui est remis en cause.

Ce sont également la crédibilité de la démarche écoresponsable et l'authenticité de l'image construite sur les réseaux socionumériques qui sont contestées. Clémence, en entretien indique avoir reçu des critiques sur le caractère non écoresponsable de ses pratiques. Dans ce cas (*cf.* FIG. 2), la publication d'une photographie d'elle mangeant de la viande a suscité un commentaire négatif sur le caractère carboné de son alimentation et sur le fait de le valoriser positivement.

FIG. 2 – Tensions autour d'une publication en commentaires (Instagram, Octobre 2019).

Cette réaction a été vécue sur le mode de la souffrance et a obligé Clémence à se justifier par rapport à son engagement écologique :

> Il m'est arrivé de me faire remonter les bretelles : j'avais publié une photo de moi en train de manger un burger. Je ne suis pas végétarienne mais je fais attention à ne pas manger trop de viande et quand j'en mange je fais attention à la provenance. J'avais posté cette photo en disant « ça fait du bien de manger de la viande de temps en temps ». Des gens m'ont dit « ça va pas du tout de manger de la viande de temps en temps c'est pas du tout écoresponsable, on peut trouver un équilibre en étant végétarienne ou végane ». Ça avait suscité des débats, j'avais trouvé ça limite alors que mon but c'était de dire qu'il fallait y aller à son rythme. (Clémence, 7 000 abonnées, 3 ans)

Les créatrices de contenus sont ainsi soumises aux critiques d'autres militantes écologistes pour qui les pratiques de prescription sont insuffisamment vertueuses d'un point de vue écoresponsable. En creux, la critique adressée par les abonnées est celle de la subordination des créatrices de contenus au secteur marchand ainsi que leur manque d'autonomie dans leur jugement. Parce qu'elles sont recrutées par des entreprises, les créatrices de contenus seraient incapables de formuler un jugement neutre. Elles mettraient en avant un ensemble de produits sans se soucier de leur caractère écoresponsable.

Le critère moral vient ainsi renforcer les contraintes qui pèsent en général sur les créatrices de contenus. Effectivement, la trop forte récurrence de contenus rémunérés sur les réseaux socionumériques est perçue comme problématique du fait de la réprobation concernant le caractère marchand de leur activité (Van Driel et Dumitrica, 2021). Elles n'acceptent donc pas toutes les propositions de partenariats sous peine de perdre un nombre important d'abonnées – et donc de futures propositions de rémunérations. C'est ce qu'explique Hortense en entretien :

> Pendant deux mois j'ai eu trois appels pour des partenariats rémunérés par jour. C'est beaucoup, je continue à en avoir mais je suis obligée de les étaler parce que j'ai pas envie d'être un panneau publicitaire. J'essaye de me dire que j'en accepte trois max par mois. Pour l'instant j'ai pas envie que ma communauté se dise : elle est juste payée pour parler de ces trucs, on peut pas lui faire confiance. Donc l'essentiel de mes publications c'est du non rémunéré. Après, si je veux en vivre, faut pas penser comme ça. (Hortense, 8 000, 4 ans)

Afin de garder la confiance et le lien établi avec sa communauté d'abonnées, Hortense ne peut pas accepter toutes les propositions de rémunération qui lui sont adressées. La majorité du contenu relève ainsi de travail gratuit (Simonet, 2018). En conséquence de cela, pour la majorité des créatrices de contenus, les revenus dégagés sont très faibles, voire inexistants. Les enquêtées interrogées en entretien ont toutes souligné ne pas avoir touché de rémunération pendant un an à partir de leur entrée dans l'activité. Parmi elles, la moyenne de rémunération mensuelle est de 300 €. Cette moyenne est de plus très sensible à la conjoncture économique, le budget des entreprises alloué à la communication étant considéré comme une variable d'ajustement. Si le critère écologique complexifie les relations entre créatrices de contenus et abonnées, nous allons voir à présent comment il permet aux entreprises de proposer des rémunérations faibles, voire nulles.

I.2. L'ENGAGEMENT ÉCOLOGIQUE, SOURCE DE TRAVAIL GRATUIT

Le critère écologique joue dans la réticence des entreprises à accepter de rémunérer un placement de produit car elles associent l'activité de marketing d'influence à de la publicité poussant à la surconsommation. Ce type d'intermédiation se ferait sans adhésion aux valeurs portées par l'entreprise. Le discours contestataire des modes de production traditionnels et industriels qui est celui des entreprises étudiées les conduit alors à désapprouver la mise en avant rémunérée qui serait artificielle (Rémy, 2004). Le choix de recruter des créatrices de contenus est vu comme infructueux et, en entretien, Manon explique lui préférer des investissements dans la production :

> Le marketing c'est des budgets élevés, on n'est pas toujours sûres de ce que ça rapporte. Parfois tu payes 100 euros et tu génères aucune vente, nous on n'est pas assez riches. Je préfère sortir un modèle, avoir du beau tissu et payer plus cher pour qu'il soit plus éthique que de mettre cet argent dans de l'influence. (Manon, fondatrice d'une entreprise de sous-vêtements certifiés écologiques ayant 50 000 abonnées sur Instagram, 2 salariées)

L'allocation du budget est ainsi subordonnée à un critère écoresponsable qui contribue à privilégier le produit plutôt que la campagne de publicité, aux résultats jugés incertains. Les créatrices de contenus sont alors présentées par les entreprises comme des entrepreneuses à la recherche de profit et non comme des militantes écologiques. C'est le cas de cette fondatrice d'entreprise interrogée sur le fonctionnement de la mise en avant par des créatrices de contenus :

> Parfois les créatrices de contenus elles sont justes intéressées par l'argent. On avait travaillé avec une, on lui avait offert un haut et direct après elle l'a mis sur Vinted, on n'était pas contentes. Elle avait fait un post, le job était fait mais rien de plus. Elle y avait pas mis de cœur. Ça nous a rien apporté, aucune vente, ça sert à rien. (Constance, fondatrice d'une entreprise de vêtements en matières recyclées ayant 10 000 abonnées sur Instagram, 2 salariées)

Les créatrices de contenus seraient ainsi opportunistes dans leur demande de rémunération et ne feraient pas un travail en accord avec les valeurs écoresponsables de l'entreprise (« *elle n'y avait pas mis de cœur* »). Lorsque le caractère écoresponsable d'une prescriptrice est confirmé, les entreprises ont cependant encore des réticences en raison d'une possible perte de crédibilité dans la relation avec les abonnées. Elles anticipent en effet une perte d'efficacité de la prescription et donc des ventes si la communauté d'abonnées n'accepte pas l'aspect marchand. La prescription devrait donc venir spontanément des créatrices de contenus et non pas d'un contrat. C'est ce qu'explique Constance dans la suite de l'entretien :

> Elle [autre créatrice de contenus écoresponsables] n'accepte pas les rémunérations du coup les gens lui font confiance. Si elle met un produit en avant c'est qu'elle a checké ; elle met un sceau sur ton produit qui fait que les gens ils achètent en toute confiance. À chaque fois qu'elle a posté on a fait des ventes. (Constance, fondatrice d'une entreprise de vêtements en matières recyclées ayant 10 000 abonnées, 2 salariées)

La mise en avant la plus efficace et éthique serait donc celle qui se ferait indépendamment d'un recrutement par les entreprises et d'une rémunération. Le produit serait présenté pour ses caractéristiques écoresponsables et non pas par obligation pour donner suite à un contrat. Cette dépréciation du lien marchand contribue à ce que les créatrices de contenus aient du mal à négocier des rémunérations.

En plus d'un certain rejet de la publicité offerte par le marketing d'influence, les entreprises vendant des produits écoresponsables mobilisent l'argument éthique pour faire pression à la baisse sur les rémunérations. En insistant sur l'aspect écoresponsable du produit et donc le caractère militant qu'il y a à le prescrire, elles brouillent la frontière avec la dimension laborieuse de l'activité et complexifient le rapport marchand. C'est ce qu'explique Lucile, chargée de recruter des créatrices de contenus pour les entreprises, lorsqu'elle est interrogée sur la manière dont elle définit l'écologie et l'éthique :

> L'éthique dans le marketing d'influence, ça va être d'accepter qu'il n'y ait pas de rémunération quand c'est une marque qui se lance et qui a pas beaucoup de budget. Être éthique, c'est voir que quand il n'y a pas de rémunération il y a quand même un partage de valeurs. (Lucile, recrutrice d'influenceuses, 3 000 abonnées, 3 ans)

Normes éthique et marchande entrent donc en tension et conduisent à donner un pouvoir de marché aux entreprises qui convainquent les créatrices de contenus de travailler gratuitement. En plus de la mobilisation de l'aspect militant, la négociation sur les prix se fait en insistant sur les faibles revenus dégagés dans le secteur de l'écoresponsabilité et sur l'impossibilité de consacrer un budget à la mise en avant de leurs produits. Cela a été le cas pour Élise qui a accepté de présenter un produit après avoir rencontré sa fabricante :

> Ça m'arrive d'accepter des partenariats non rémunérés. La dernière fois j'ai été contactée par une nana qui voulait que je parle de vêtements qu'elle fait. Je l'ai rencontrée, on a échangé, elle m'a présenté le produit et ses valeurs : elle fait ça à partir de tissus upcyclés, elle conçoit elle-même les produits, les coud à la main. Elle m'a expliqué que pour l'instant elle avait pas le budget [pour me payer] mais comme j'aimais beaucoup le projet et les valeurs j'ai accepté d'en parler sur mon compte. (Élise, 21 000 abonnées, 4 ans)

Dans ce cas, c'est l'aspect écoresponsable du produit, le fait qu'il soit fabriqué avec des produits recyclés, en France, qui conduit Élise à accepter de ne pas être rémunérée. La valorisation de cet aspect écoresponsable est articulée à des techniques commerciales courantes de construction d'un lien personnel avec les créatrices de contenus (Naulin, 2010). Ce lien de proximité rend plus difficile la négociation d'une rémunération et conduit à accepter des dons de produit (McFall, 2012). Cela aboutit à une absence de rémunération durable pour une majorité des créatrices de contenus, notamment celles à faible audience – moins de 5 000 abonnées – pour lesquelles les propositions de contrats sont moins récurrentes.

Les entreprises utilisent la notoriété d'un compte, c'est-à-dire le fait qu'il ait une plus grande communauté d'abonnées que la leur, pour gagner en visibilité auprès d'utilisatrices d'Instagram ne connaissant par leur produit. Cependant, les relations marchandes restent très courtes. C'est cet aspect problématique de la prescription écoresponsable qu'explique Élise en entretien :

> Dès que la marque a plus d'abonnées que moi, je vais passer aux oubliettes alors que j'ai travaillé bénévolement pour eux, que j'ai donné vachement de temps. (Élise, 21 000 abonnées, 4 ans)

Le travail réalisé par Élise et les relations nouées avec les entreprises ne sont ainsi pas des investissements rémunérateurs à long terme puisque celles-ci ne la recontactent pas pour d'autres contrats une fois qu'elles ont bénéficié de la notoriété permise par son profil.

La création de contenus est alors, pour reprendre l'expression de B. E. Duffy, un travail qui ne paie pas (Duffy, 2017). Le critère écoresponsable contraint à une faible maximisation économique. Les créatrices de contenus relativisent cette contrainte en considérant leur activité comme un investissement pour des rémunérations – monétaires, symboliques – futures, sur le modèle de *l'aspirational labor* (Duffy, 2017). Ainsi, Inès insiste sur son acceptation d'avoir passé une année à consacrer du temps à son activité sans dégager de rémunération :

> Enquêtrice : ça date de quand la création du compte et après le lancement [en tant qu'autoentrepreneuse] ?
> Enquêtée : la création de la page, c'est en septembre 2019 et je me suis lancée [en autoentrepreneuse] début août dernier [2020]
> Enquêtrice : D'accord, c'est tout récent ?
> Enquêtée : Oui ça fait un mois et demi. On dit souvent que sur les réseaux sociaux pour développer une activité professionnelle il faut une année. C'est vrai : il faut le temps de se faire connaître, d'avoir une communauté solide et puis de montrer ce qu'on sait faire. (Inès, 12 000 abonnées, 2 ans)

Dans l'attente de revenus futurs, Inès a accepté de travailler gratuitement à générer une communauté d'abonnées et à l'entretenir afin de pouvoir être reconnue auprès des entreprises intéressées par la prescription. Son investissement est présenté sur le mode méritocratique (« *montrer ce qu'on sait faire* ») et a conduit, selon elle, à son – relatif – succès actuel.

Le fait de prescrire des biens écoresponsables constitue donc une contrainte qui complexifie les conditions de vente sur les réseaux socionumériques. Prises en tension entre consommation de masse et sa critique, les créatrices de contenus peinent à sa maintenir sur le marché. Elles se voient effectivement imposer une définition de leur activité par les autres actrices (consommatrices et entreprises) fondée sur le désintéressement et la non-recherche de profit (Bourdieu, 1973), ce qui contribue à amateuriser l'activité. La création de contenus n'est ainsi pas considérée comme un travail. C'est la façon dont les créatrices de contenus tentent de se maintenir dans ce domaine marchand que nous allons étudier à présent.

II. LES STRATÉGIES DE MAINTIEN DANS L'ACTIVITÉ DES CRÉATRICES DE CONTENUS

Des actrices extérieures à la création de contenus écoresponsables proposent une définition de l'activité reposant sur le refus d'une rémunération. En retour, les actrices concernées mobilisent différentes ressources pour faire face aux contraintes et créer différents dispositifs de confiance à destination des autres actrices du marché. Elles proposent ce faisant leur propre définition de l'activité, en insistant sur leur expertise professionnelle.

II.1. « JE PRÉFÈRE ENGAGÉE QU'ÉCOLO ». REDÉFINIR L'ACTIVITÉ

Les critiques formulées à leur égard semblent violentes aux enquêtées qui doivent alors justifier leurs pratiques. Cela se fait par une double mise à distance : celle de l'appellation écologique, mais aussi parfois du secteur marchand. Toutes les enquêtées interrogées en entretien témoignent d'un travail de redéfinition de leur activité comme « éthique » ou « engagée » plutôt qu'écologique, afin d'éviter les critiques portant sur cet aspect. Ce travail de repositionnement se fait par une modération des contenus et par la clarification de ce choix auprès de leur communauté d'abonnées. C'est ce qu'illustre cet extrait d'un billet de blog intitulé « créatrice de contenus écolo ? » dans lequel une enquêtée explique renoncer au terme « écologique » :

> On m'a fait chier pour une fraise mangée en hiver, des potirons achetés en juin, on m'a aussi traitée d'idiote, on m'a accusée d'avoir fait voyager en avion

> mon héroïne de fiction… TOUT était prétexte à des réflexions hyper violentes. […] J'ai revu mon Instagram et arrêté de parler de zéro-déchet. […] À force de vouloir être écolo sur internet, j'en venais à m'oublier. Je culpabilisais pour le moindre emballage, j'avais peur d'être prise en flagrant délit. C'était devenu très dur ! Pour autant, arrêter de faire des photos de mes légumes en rentrant du marché ne veut pas dire que je retourne au BurgerKing. (Extrait d'un billet de blog, 16 000 abonnées, 10 ans)

Cette créatrice de contenus met en récit les interactions avec des abonnées qui l'ont conduite à renoncer à l'appellation écologique et à modérer ses pratiques de zéro-déchet. Elle explique qu'elle continue à avoir des pratiques écoresponsables mais qu'elle ne les visibilise plus (« *arrêter de faire des photos* »). L'adoption de ce discours lui permet de couper court aux critiques qui lui étaient adressées tout en rendant possible des contrats marchands.

Si ce discours de modération de l'engagement est mis en place par une majorité de créatrices de contenus, d'autres se repositionnent en mettant à distance les aspects marchands de la prescription, en ne faisant pas de partenariats rémunérés par exemple. Cela concerne des enquêtées relativement plus âgées (plus de 35 ans) et présentes en ligne – *via* les blogs – depuis plus longtemps que la moyenne des prescriptrices (plus de 8 ans). Elles ont en moyenne plus d'abonnées mais sont en perte de vitesse sur Instagram où elles subissent la concurrence de créatrices de contenus plus jeunes et plus habituées à ce réseau. Elles justifient leur positionnement en adressant elles-mêmes des critiques sur le caractère mercantile de l'activité de prescription et donc son manque d'authenticité. C'est le cas de Marine qui déclare en entretien ne plus réaliser d'intermédiation rémunérée :

> J'aimerais ne plus être rémunérée pour de la création de contenus. […] J'accepte au maximum des envois gratuits qu'on appelle envois presse où t'es pas liée… T'es pas rémunérée et t'as pas d'obligations [sur les contenus proposés à la communauté d'abonnées]. C'est plus simple à gérer comme moi j'ai un compte lié à l'écologie et au minimalisme j'arrive à dire aux gens que les produits qui rentrent pas dans ma ligne c'est pas possible. (Marine, 33 000 abonnées, 12 ans)

Ne pas être rémunérée garantit, pour Marine, l'efficacité de la prescription et la protège contre la perte de confiance de ses abonnées. Elle explique ainsi conserver son autonomie et pouvoir refuser de mettre en avant certains produits lorsqu'elle juge ceux-ci insuffisamment écoresponsables. Faire cela reste cependant adossé au fait de disposer d'autres modalités de rémunération puisqu'elle déclare avoir gagné moins de mille euros sur une année avec cette activité de prescription. Pour ces créatrices de contenus qui mettent à distance le caractère marchand de leur profil sur les réseaux socionumériques, l'activité est combinée à d'autres sources de revenus comme la publication de livres ou des services à la personne (conseil écoresponsable). La page Instagram ou le blog sont alors présentés comme des activités amateures, un travail à-côté (Beauvisage *et al.*, 2018 ; Weber, 1990).

Prises entre deux pôles d'activités qui peuvent entrer en contradiction, les créatrices de contenus sont amenées à préciser si leur activité est écoresponsable ou marchande. Si certaines rejettent l'un de ces pôles en se déclarant amatrices ou en refusant le terme d'écologie, une majorité des enquêtées, ayant entre 2 000 et 15 000 abonnées, a recours à la notion de profession pour justifier son positionnement.

II.2. LA PROFESSIONNALISATION POUR RÉPONDRE AUX CRITIQUES

Pour les créatrices de contenus qui font de la prescription marchande, l'enjeu est de rendre acceptable la rémunération à leur communauté d'abonnées et aux entreprises. La résolution de cette critique passe par l'insistance sur la définition de leur activité comme professionnelle, c'est-à-dire régie par un ensemble de « bonnes pratiques » (Champy, 2009) de prescriptions écoresponsables. Lorsqu'elles s'adressent aux abonnées, les créatrices de contenus montrent qu'elles ont vérifié le caractère écoresponsable du produit et ont testé son efficacité. Cela passe par des recherches sur la marque en fonction de différents critères comme la proximité géographique (en lien avec l'impact carbone ou le travail d'individus pour produire un bien), les matières utilisées, le caractère biologique ou non d'un produit. La phase de test consiste en une vérification sur le temps long de l'efficacité du produit. Par exemple, si c'est un vêtement, les créatrices de contenus l'essaient et le portent plusieurs fois afin de pouvoir vérifier sa solidité, en lien avec la durabilité. Si c'est un cosmétique – une crème de jour par exemple – elles vont en contrôler la qualité sur leur peau.

Cette mise en visibilité auprès des abonnées – mais aussi des entreprises – de leurs pratiques permet de rassurer quant à l'honnêteté et l'authenticité de leur démarche écoresponsable. C'est ce qui est mis en avant par Juliette en entretien :

> Pour que je puisse collaborer avec une marque, il faut une démarche écologique c'est à dire des produits bios, véganes. Je travaille avec des entreprises à taille humaine, j'aime voir l'histoire de la personne qui a créé la marque. (Juliette, 8 000 abonnées, 8 ans)

Dans cette optique, lorsqu'elles sont démarchées, les créatrices de contenus trient les demandes qui leur sont adressées et ce tri est montré aux abonnées par le contenu produit. C'est ce que montre la figure 3 où Léa (30 000 abonnées, 8 ans) réalise une *story* pour expliciter la part des publications qui font l'objet d'un don de produit :

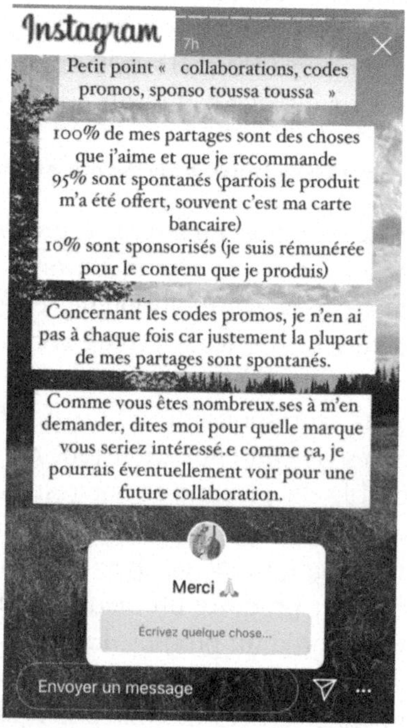

FIG. 3 – Capture d'écran d'une story concernant les rémunérations (Instagram, juillet 2021).

Le premier paragraphe de cette *story* est ainsi le moyen de réaffirmer la qualité du jugement dans l'ensemble des publications *(« 100 % des partages sont des choses que je recommande* »). Elle montre ensuite que très peu de publications font l'objet de rémunérations (10 %) et insiste ainsi sur son indépendance. Les entretiens confirment cela. Lucie indique ainsi expliciter souvent en *story* la part des contenus qu'elle produit spontanément et le fait que ces contenus, pour continuer à exister, doivent être adossés à d'autres publications rémunérées :

> 90 % de mon contenu je l'offre en créant gratuitement et c'est du temps, énormément de temps donc c'est aussi normal d'être payée. (Lucie, 12 000 abonnées, 10 ans)

Ce travail rhétorique de crédibilisation de la démarche permet de se positionner par rapport aux abonnées mais aussi par rapport aux entreprises. Celles-ci sont ainsi rassurées sur le rapport de confiance établi avec les abonnées, mais ont aussi des informations sur les précédentes entreprises avec lesquelles ont été effectués des contrats. Si cette mise en scène de l'authenticité dans la publication n'est pas propre à la sphère écologique (Djafarova et Rushworth, 2017 ; Duffy, 2015 ; Van Driel et Dumitrica, 2021), le recours à l'expertise constitue un répertoire d'action écoresponsable (Ollitraut, 2008) et de justification efficace pour les créatrices de contenus étudiées. Par la mise en avant de la systématicité des pratiques de vérifications et de tests, elles justifient aux actrices du marché leur statut d'expertes qui nécessite une rémunération. En soulignant le temps que leur prend cette activité, elles travaillent à faire reconnaitre la nécessité d'un paiement à leur communauté d'abonnées. C'est le cas de Lucie qui met en avant l'autonomie qui lui est permise par le fait d'être rémunérée :

> J'ai pris l'habitude de régulièrement faire des *stories* sans tabou à mes abonnées pour parler de mes revenus, pour dire « voilà je gagne tant par rapport à ça ». Ça démocratise le fait que c'est normal de gagner de l'argent quand tu crées du contenu. (Lucie, 12 000 abonnées, 10 ans).

La justification de la rémunération auprès des abonnées passe ainsi par l'insistance sur le caractère chronophage de l'entretien d'un profil mais aussi sur son coût, comme le montre l'extrait de billet de blog suivant :

> Le cas de l'influence écolo est particulier : il y a cette idée qu'on ne devrait pas réclamer de l'argent pour notre travail, car sinon on pourrait nous reprocher

> de ne pas être engagées. Sauf que : un blog, *green* qui plus est, prend du temps : photos et retouches, rédaction, essais, recherches sur la marque, produits utilisés dans la fabrication de l'objet, mise en avant sur les réseaux, partages et discussions avec vous… Je pourrais y passer toutes mes journées ! Un blog nécessite aussi beaucoup d'argent : matos de qualité pour faire des photographies, hébergement du site, voyages pour rencontrer les marques… Les blogueurs conventionnels n'ont plus à prouver que leur travail est important : les réseaux sont des façons de communiquer pour les boites et un post Instagram aura mille fois plus d'impact qu'un spot publicitaire à la télé. Si une marque nous écrit, c'est qu'elle sait que notre promotion du produit va générer des ventes. […] Alors, être payés nous permettrait de passer plus de temps à produire du contenu de qualité, à échanger avec vous. Tout cela me fait dire que demander une rémunération en échange d'une mise en avant est presque un acte militant pour une société plus éthique. (Jeanne, 50 000 abonnées, 12 ans)

Dans cette publication, Jeanne insiste sur le fait que gagner de l'argent est en fait gage de qualité et d'expertise, car être payée dégage du temps et des moyens pour la production de contenus. Elle mobilise l'argument éthique et écoresponsable utilisé par les autres actrices du marché et le retourne pour montrer en quoi la rémunération est une composante active de l'engagement. Elle invite à refuser toutes les prescriptions qui ne seraient pas rémunérées. Les créatrices de contenus s'inscrivent alors dans des revendications auprès des entreprises pour que celles-ci reconnaissent l'ensemble du travail – numérique, relationnel, de création – qu'elles fournissent. En témoigne cet extrait de mail automatique reçu lors d'une demande d'entretien :

> Afin de « filtrer » les demandes contenant un nombre conséquent de demandes de travail non rémunéré, les propositions de collaboration sans budget ne seront pas traitées.
>
> La visibilité n'est pas un budget. Le don de produits n'est pas un budget. Les prises de contact émanant de marques pratiquant le *greenwashing* ne seront pas traitées. La grille tarifaire a été soigneusement benchmarkée et est en accord avec les prix du marché. Dans le cas où vous souhaiteriez me faire découvrir vos produits ou nouveautés (uniquement si éthiques et/ou bios), ceci est tout à fait possible, en revanche, je ne m'engage pas à les mentionner.
>
> Les influenceuses sont le plus souvent microentrepreneuses, contrairement aux journalistes rémunérées par leurs rédactions. Il serait donc temps de faire évoluer les pratiques en intégrant leurs prestations au budget communication et/ou publicité, et non plus à celui des relations presse. Ce travail ne devrait plus être considéré comme une activité bénévole, alors même qu'il génère

> au moins de la visibilité, et très souvent des ventes. Merci donc de faire la différence entre le contenu produit spontanément (gratuit) et le contenu réclamé (payant), qui sera systématiquement facturé. Je vous invite également à consulter les publications du compte Instagram « J'ai pas de budget » afin de prendre connaissance des bonnes et mauvaises pratiques du milieu. (Morgane, 40 000 abonnées, 9 ans, juillet 2020)

Dans ce mail adressé spécifiquement aux entreprises démarchant une créatrice de contenus, l'enquêtée définit ce qui relève des « bonnes et mauvaises pratiques » à adopter, en lien avec le caractère écoresponsable des produits proposés et l'existence d'une rémunération. À l'échelle des interactions qu'elles ont avec les entreprises, les créatrices de contenus travaillent ainsi à recadrer le lien marchand (Mallard, 2012) et à faire reconnaitre l'activité de création de contenus écoresponsables comme une activité de communication ou de publicité. Elles travaillent également à définir ce qui relève d'une rémunération acceptable et écartent les rémunérations en dons de produit. Elles opèrent ce faisant un travail de construction des frontières de l'activité (Gieryn, 1983).

Ainsi, si certaines créatrices de contenus résolvent la tension entre univers marchand et militant en refusant les partenariats rémunérés, d'autres cherchent à se maintenir à l'intersection de ces espaces en travaillant à la reconnaissance de leur activité comme une profession. Elles répondent aux critiques en montrant qu'un paiement permet le maintien de l'autonomie et un engagement total dans l'activité de prescription écoresponsable. Si ce discours de professionnalisation s'incarne dans les interactions avec les autres actrices du marché (consommatrices et entreprises), il est aussi l'objet de discussions et de débats entre créatrices de contenus. Nous allons à présent voir comment celles-ci travaillent entre elles à définir les bonnes pratiques de prescription et ainsi à établir les frontières professionnelles de leur activité.

III. À LA FOIS COLLÈGUES ET CONCURRENTES ÉTHIQUES: –. COOPÉRER POUR PROMOUVOIR UN GROUPE PROFESSIONNEL

Dans cette partie, l'étude d'un groupe Facebook regroupant uniquement des créatrices de contenus nous permet de caractériser le travail effectué par les prescriptrices pour imposer entre elles de « bonnes pratiques » professionnelles (encadré 3). En transposant le critère éthique des biens échangés aux pratiques marchandes, elles valorisent et imposent entre elles des façons spécifiques de faire leur activité.

3. Éléments de cadrage sur le groupe Facebook étudié

250 créatrices de contenus appartiennent à un groupe Facebook nommé « Profession création de contenus ». Il s'agit d'un groupe privé, c'est-à-dire que ses membres doivent être acceptées par l'administratrice avant de pouvoir voir et publier du contenu. Ce groupe est constitué de femmes qui entendent dégager une rémunération dans une activité de création de contenus en lien avec des thèmes écoresponsables. Un recoupement avec les profils Instagram montre que ce sont des créatrices de contenus ayant moins de 10 000 abonnées sur Instagram pour une grande majorité. Ce faible nombre d'abonnées peut expliquer un intérêt et une participation active à la normalisation du marché et à la coopération face à des acteurs brouillant les frontières entre travail et hors travail.

Les contributions ne sont néanmoins pas également réparties au sein de ce groupe : seules 37 créatrices de contenus ont participé sur les 70 dernières publications. Parmi ces 37 contributrices, 11 ont contribué plus d'une fois et l'administratrice du groupe a publié 9 fois. L'entretien du groupe est fait par une minorité d'adhérentes.

Cette page n'est pas modérée, c'est-à-dire que les publications ne sont pas pré-approuvées par une personne avant qu'elles n'apparaissent pour tout le monde. Il s'exerce cependant un travail de régulation, opéré par la créatrice du groupe qui peut rappeler à l'ordre lorsque les publications ne conviennent pas. Elle est elle-même prescriptrice de contenus écoresponsables et totalise 20 000 abonnées sur son compte Instagram. Elle propose, en plus de cette page, des formations payantes pour la professionnalisation de l'activité de création de contenus.

III.1. ENTRAIDE ENTRE CRÉATRICES DE CONTENUS

Les discussions et échanges mis en place sur le groupe Facebook contribuent à créer un groupe de partage. Les créatrices de contenus mobilisent cet espace privé de discussion afin de s'organiser autour de thèmes en lien avec les démarches administratives, les outils numériques à mobiliser ou encore les grilles tarifaires à appliquer. Le groupe Facebook, et le fait qu'il soit accessible uniquement à des personnes approuvées, est l'occasion de partager des expériences vécues, de chercher du soutien et des conseils tout en restant à distance de la communauté d'abonnées et des entreprises intéressées par les contenus. La figure 4 illustre cela : sur le groupe Facebook, une créatrice de contenus publie une information reçue concernant son statut d'autoentrepreneur et les déclarations de revenus à effectuer (*cf.* FIG. 4).

{taxe CCI / formation commerçant obligatoire > déclaration du CA micro-entrepreneur}

Hello la team,

J'espère que tout le monde va bien.

Je reviens vers vous pour la suite de mes aventures par rapport à ma déclaration de chiffre d'affaires. Je pense que ça peut être utile à certaines personnes d'entre vous.

Ce message s'adresse aux personnes sous le régime fiscal micro-entrepreneur et qui ne font que de la prestation de services (pas de ventes).

1. Taxe CCI : elle est apparue il y a plusieurs mois sur la plateforme de déclaration. Sauf qu'en tant que profession libérale (non commerçante) je ne suis pas redevable de cette taxe. A l'Urssaf on m'a dit que le problème venait du code APE qui réunit plusieurs types de métiers (des prestas mais aussi du commerce). Cela créé donc un conflit sur la plate-forme et la taxe CCI apparait.

Que faire ? Contacter l'Urssaf par message (pas en réclamation) pour leur demander de recréditer votre compte et de tenter d'enlever la taxe de la plate-forme. Il se peut que le système informatique soit plus fort que l'humain et force pour laisser la taxe CCI en place. Dans ce cas, pas le choix, il faudra envoyer un message à chaque fois pour demander un avoir sur son compte.

2. Taxe formation commerçant obligatoire : le nouveau nom du CPF dont nous sommes redevables à hauteur de 0.10% (je viens seulement de m'en rendre compte... je ne sais pas si vous aviez vu ça vous aussi).

Belle journée et bonne semaine

FIG. 4 – Publication relative aux démarches administratives du statut d'autoentrepreneur (Facebook, avril 2020).

Cette publication est suivie de trois commentaires réagissant à son message en la remerciant (« *merci pour ton partage et ton retour d'expérience* ») ou faisant le récit de leur propre expérience (« *c'est fait, merci ! le plus dur dans ce métier c'est de voir un quart de ton revenu disparaitre en un clic* »). Le groupe Facebook fonctionne sur le modèle des espaces de rencontres entre internautes (Akrich, 2019) : à distance de certains réseaux pouvant formuler des critiques, une communauté se forme et s'organise pour faire face à d'autres actrices du marché.

Le groupe Facebook et les récits d'expérience qui y sont faits permettent de mettre en garde contre certaines pratiques des actrices du marché en racontant des expériences négatives. C'est le cas d'une créatrice de contenus qui dénonce des pratiques d'entreprises auxquelles elle a été confrontée et avertit ses pairs afin qu'elles identifient les mauvais payeurs :

> Petit partage du jour. Une copine Insta m'a envoyé un mail d'une marque de culottes de règles plutôt connue. Ils l'ont contactée pour tester leur nouveauté, elle a dit oui avec plaisir, et BAM ensuite elle reçoit un mail groupé. J'en peux plus, la marque n'a vraiment aucune reconnaissance pour les influs qui ont bossé pour elle (moi et d'autres), les a jetées comme des vieilles chaussettes. (Créatrice de contenus, 2 500 abonnées)

Le ressentiment de la personne ayant publié est perceptible *via* le registre sémantique utilisé. Elle manifeste de la colère vis-à-vis de l'entreprise qui n'assure pas un suivi personnalisé des créatrices de contenus recrutées, ne maintient pas les échanges dans la durée et ne propose pas une rémunération conséquente. Les réponses de la part des autres membres du groupe se font sur le registre du soutien et du réconfort, ce qui contribue à la mise en place de relations récurrentes et amicales. C'est le cas pour Anne dont les interactions avec d'autres créatrices de contenus se sont poursuivies hors ligne :

> C'est quand même une sphère [la création de contenus écoresponsables] où on finit toujours par se rencontrer à un moment. J'en ai qui sont même devenues des copines comme C. ou J. que j'ai croisées dans la vraie vie et avec qui on a tissé des liens. Il y a aussi I., avec qui on va créer un projet ensemble parce qu'on s'est très bien entendues. (Anne, 6 000, 5 ans).

Les relations amicales nouées par Anne deviennent aussi des relations professionnelles puisqu'au moment de l'entretien, elle envisage de mettre en place une prescription conjointe avec une autre créatrice de contenus. Les créatrices de contenus se retrouvent alors autour d'une communauté de pratiques avec des personnes qui offrent le même type de travail. Cela les amène à définir leurs pairs comme des collègues et non comme des concurrentes, ce qui leur permet de faire face aux autres actrices du marché et de dégager une marge d'action (Mallard, 2011). Elles se soutiennent, se prodiguent des conseils sur des thèmes variés et font partie des communautés d'abonnées des autres, augmentant ainsi leurs statistiques et leur engagement. Elles vont jusqu'à partager entre elles les opportunités de rémunération. C'est le cas pour Anne, qui décrit de la manière suivante les relations professionnelles avec d'autres créatrices de contenus :

> Enquêtée : Très clairement on est collègues de travail.
> Enquêtrice : Et ça vous arrive d'être sur les mêmes partenariats ?
> Enquêtée : Oui totalement, E. et H. on était ensemble sur mon premier partenariat. On fait des échanges de bons procédés, quand je ne peux pas faire un truc, je vais orienter vers elles et elles quand elles peuvent pas elles vont orienter vers moi. Il y a vraiment ce côté sororité en fait. (Anne, 6 000 abonnées, 5 ans)

Pour Anne, ces relations sont vécues sur le mode de l'amitié – voire des liens de sororité – et de la coopération. Ce critère de coopération est constitutif de l'éthique dont se réclament les créatrices de contenus écoresponsables. Par ailleurs, si elles valorisent le caractère amical et altruiste de l'entraide, elles sont conscientes que celle-ci contribue à la mise en place d'une crédibilité générale des créatrices de contenus face à d'autres actrices de marché. Par l'information sur les mauvais payeurs ou sur les entreprises non réellement écoresponsables, elles empêchent qu'une critique sur leur expertise écologique soit adressée à l'ensemble de la communauté :

> On a un groupe Facebook de nanas comme moi qui font que du contenu écolo. On se parle, on dit « attention, cette marque est louche ». On prévient le réseau pour qu'il y ait pas de collègues qui se fassent avoir et qui aillent parler d'une marque qui est pas sérieuse. (Claire, 5 000 abonnées, 3 ans)

L'entraide est donc un enjeu d'insertion sur le marché ainsi qu'une pratique de lutte pour la reconnaissance de l'activité comme une profession par les entreprises et les abonnées. L'entretien de ces liens est aussi un moyen de cadrer les échanges marchands et les contrats qui peuvent être proposés. Suivre des comptes d'autres créatrices de contenus se fait en effet à la fois sur le registre de l'amitié mais également sur le registre de la surveillance des pratiques de concurrentes. C'est ce qu'explique Floriane lorsqu'elle décrit ses pratiques et ses rapports avec d'autres créatrices de contenus écoresponsables :

> Si à un moment, j'ai envie de me poser, zoner sur Instagram on peut dire que je le fais à titre privé. Mais ça peut tout aussi bien être de la veille des réseaux sociaux, et donc faire du marketing à titre professionnel. (Floriane, 25 000, 7 ans)

Cet exemple nous montre que si *scroller* les contenus sur Instagram est, pour Floriane, une activité de loisir, c'est aussi l'occasion de contrôler ce qui existe et se pratique sur le marché de la prescription écoresponsable. Les créatrices de contenus sont ainsi des actrices actives dans l'encadrement de la concurrence entre elles.

III.2. ENCADREMENT DE PRATIQUES DE BONNE CONCURRENCE

Sur un espace peu encadré juridiquement, soumis à des algorithmes aux fonctionnements inconnus, et alors que les entreprises ont intérêt à entretenir un tel flou, les créatrices de contenus travaillent collectivement à normer et définir l'activité. La régulation passe tout d'abord par une mise en avant sur le groupe Facebook de la nature des relations tarifaires à adopter. Un des principaux axes d'action est le refus des dons de produits, c'est-à-dire de prescriptions faisant suite à un envoi gratuit par l'entreprise. L'enjeu est alors d'insister, entre créatrices de contenus, sur la nécessité d'une réelle rémunération, en soulignant le temps et le travail derrière un contenu mais aussi l'investissement requis pour entretenir sur la durée une communauté d'abonnées. Le fait de demander une rémunération relève donc de pratiques vertueuses pour les enquêtées qui n'hésitent pas à le rappeler et à sanctionner positivement ce type de pratiques sur le groupe Facebook. C'est le cas de l'extrait de publication suivant dans lequel une créatrice de contenus réaffirme l'importance de la négociation et de la tarification en lien avec ce qu'elle considère comme de bonnes pratiques professionnelles :

> Coucou les filles, je tenais à vous remercier pour vos conseils et les échanges qu'on a ici, qui me confortent dans le fait que la blogosphère *green* a de vraies belles valeurs, qu'on est pas toutes prêtes à vendre notre âme pour quelques produits gratuits. Je viens de réussir mon premier partenariat rémunéré, c'était pas facile mais ça valait le coup d'attendre, je suis ravie ! (Créatrice de contenus, 3 000 abonnées)

Cette publication montre que le fait d'accepter des produits gratuits est à proscrire car considéré comme une subordination à la sphère marchande (« *vendre notre âme pour quelques produits gratuits* »). Le groupe Facebook fonctionne ainsi comme un moyen de rappeler à la norme les créatrices de contenus comme l'explique Chloé :

> C'est hyper bien d'avoir un groupe où on peut discuter de tout. Parce qu'il n'y a rien de réglementé dans ce métier, on n'a pas de grille de salaires donc on se débrouille entre nous pour harmoniser les pratiques (Chloé, 45 000 abonnées, 8 ans)

L'enjeu est ainsi d'éviter que certaines créatrices de contenus acceptent de ne pas être rémunérées ou négocient des contrats à des prix inférieurs à ceux des autres. Ces prix sont effectivement indexés au nombre d'abonnées et diffèrent en fonction du type de contenu proposé. Une vidéo est ainsi plus chère qu'une *story* car plus chronophage et requérant plus de compétences. Les créatrices de contenus insistent ainsi entre elles sur l'importance de développer des outils organisationnels standards comme le recours à des devis ou l'envoi de kits média résumant les tarifs, le domaine d'expertise et l'ensemble des métriques associées aux comptes (Michel, 2022).

Un fait saillant de cet encadrement est le développement de comptes rappelant les pratiques à adopter dans la création de contenus écoresponsables. Certaines créatrices de contenus prescrivent des pratiques à adopter à destination des autres créatrices de contenus (*cf.* Naulin, 2010), en entretenant des comptes Instagram ou Facebook dans lesquels elles produisent à la fois des informations à destination des créatrices de contenus et du contenu écoresponsable. Sur ces comptes, en moyenne plus récents que ceux des créatrices de contenus étudiées, elles mettent en avant les bonnes façons de faire (choix d'une entreprise écoresponsable, pratiques de contractualisation) et les explicitent. C'est le cas d'Émeline qui explique à sa communauté d'abonnées de créatrices de contenus comment se comporter lorsqu'elles sont rémunérées :

> Pour des raisons légales, mais surtout par souci d'honnêteté envers tes abonnées, un partenariat avec une marque doit être porté à leur connaissance. Tu dois mentionner qu'il s'agit d'un partenariat si tu t'es engagée à produire du contenu en échange d'une rémunération (paiement ou même dotation de produit) en le précisant au début du post, c'est la meilleure façon d'être transparente. Maintenant, YouTube et Instagram te permettent d'identifier des partenaires commerciaux dans les paramètres, utilise ça. Tu peux aussi utiliser les #sponsorisé #partenariat #collaboration. Les risques encourus en cas

de non-respect de la loi sont un emprisonnement de 2 ans et une amende de 300 000 € euros, alors autant être honnête. (Émeline, 3 000 abonnées, 6 ans)

Émeline mobilise les sanctions légales pour rappeler les pratiques qui doivent être mises en place, ainsi que les enjeux d'authenticité. Elle insiste aussi sur les outils qui doivent être déployés comme l'utilisation de certains *hashtags*, les déclarations à effectuer. Elle souligne l'importance de l'adoption d'outils organisationnels efficaces afin de se distancier de pratiques de publication amateures. C'est ce déploiement d'outils et de façons de faire qui créent, pour les créatrices de contenus, une éthique de travail propre à l'espace de l'écoresponsabilité sur les réseaux socionumériques. Elles tracent ainsi une frontière entre elles et d'autres créatrices de contenus. C'est ce qu'explique Léa en entretien :

> C'est un travail que je fais et que tout le monde fait pas. Dans la sphère *green* on fait toutes attention, mais plus généralement les influenceurs, et quand je dis influenceurs je parle des personnes de la télé réalité, ils font des posts sans réfléchir au contenu juste pour gagner de l'argent. (Léa, 35 000 abonnées, 10 ans)

Pour Léa, la prescription écoresponsable est articulée à des pratiques de vérification des produits à tester. La nécessité de cette expertise et de sa reconnaissance est indispensable pour les créatrices de contenus, qui travaillent donc à leur adoption par toutes. C'est ce sur quoi insiste Émeline dans une publication Instagram :

> Les bonnes pratiques à respecter en tant qu'influenceur éthique. Pour être un créateur de contenus digne de ce nom, avec des valeurs, voici quelques conseils à respecter pour agir ainsi :
> – T'exprimer uniquement sur des sujets que tu maitrises, surtout dans la thématique du *green*.
> – Si tu testes un produit, fais bien attention à avoir un réel besoin concernant celui-ci, afin de ne pas être dans une logique de surconsommation.
> – Bien sélectionner les marques avec qui tu collabores, en fonction de tes valeurs et engagements et pas seulement du prix.
> – Être transparent, respecter les règles de l'ARPP.
> – Pour être authentique, tu dois également veiller à garder un équilibre entre tes contenus sponsorisés et non sponsorisés. (Émeline, 3 000 abonnées, 6 ans)

La primauté de l'éthique, écologique et de travail, garantit l'autonomie et le caractère professionnel des personnes réalisant la prescription. C'est cette distinction faite avec d'autres types de prescripteurs qui permet aux enquêtées de se définir comme des professionnelles et de se revendiquer comme telles auprès des autres actrices du marché (entreprises, abonnées). L'encadrement des pratiques de concurrence se fait donc à partir de cette définition construite autour des enjeux tarifaires, éthiques et administratifs. Afin de bien définir le marché, les créatrices de contenus excluent de la définition de création de contenus éthiques les actrices qui n'adopteraient pas les mêmes pratiques.

> Avec les filles [ensemble de créatrices de contenus écoresponsables] on a identifié une nana qui respecte pas... Elle va pas jouer le jeu, elle vérifie pas toujours et elle a fait beaucoup de dons de produits. (Laurène, 39 000 abonnées, 7 ans)

L'exemple pris par Laurène en entretien montre la façon dont est perçue cette personne qui ne « *joue pas le jeu* » de la concurrence telle que les créatrices de contenus essaient de la construire. Ses pratiques ne correspondent pas aux attentes éthiques puisqu'elle ne visibilise pas le tri des contenus qu'elle effectue et accepte l'absence de rémunération. Son comportement a ainsi été identifié comme problématique par les enquêtées et elle est progressivement exclue des regroupements numériques formels comme informels (page Facebook ou échanges WhatsApp). Si les sanctions restent très faibles, cet exemple montre comment les créatrices de contenus travaillent à se rassembler en un groupe professionnel duquel sont exclues les personnes dont les pratiques diffèrent de celles qu'elles mettent en avant.

Ainsi, les discours entre créatrices de contenus cherchent à faire le marché et à délimiter les frontières de l'activité, en opposant bonnes et mauvaises façons de faire le travail et de se faire concurrence (Castel *et al.*, 2016 ; Champy, 2009). Ces discours, qu'ils aient lieu entre créatrices de contenus (sur la page privée Facebook) ou à destination des autres actrices du marché (sur le profil Instagram) sont constitutifs des revendications de professionnalisation des enquêtées.

CONCLUSION

Sur l'espace de la prescription écoresponsable marchande sur les réseaux socionumériques, une écologie d'acteurs entre en jeu et chacun énonce sa propre définition de l'activité de création de contenus. À partir de la mobilisation des arguments d'authenticité, d'écologie ou d'éthique, des abonnées, des entreprises, mais parfois aussi des créatrices de contenus, formulent des critiques sur le caractère marchand de la prescription écoresponsable. Une telle mobilisation de l'argument moral complexifie le rapport au marché et à la rémunération. Les créatrices de contenus peinent alors à négocier des rémunérations et réalisent en majorité du travail gratuit.

Face à cette définition venue de l'extérieur, un certain nombre d'actrices se regroupent et tentent d'imposer leur propre vision de l'activité. Pour ce faire, elles mobilisent de manière différente l'argument écoresponsable de la prescription en l'inscrivant dans une logique de professionnalisation. Elles ont recours à des ressources discursives visant à faire reconnaitre financièrement leur expertise auprès des différentes actrices du marché. C'est une revendication processuelle qui se fait dans l'interaction : les créatrices de contenus visibilisent leurs pratiques auprès de leur communauté et se servent de cela pour négocier avec les entreprises des rémunérations systématiques. Le travail de visibilisation des bonnes pratiques professionnelles se fait aussi entre pairs : les créatrices de contenus travaillent à s'organiser entre elles pour éviter des pratiques de concurrence tarifaire abusives. Ce travail de façonnage de normes de l'activité fait émerger des frontières avec l'amateurisme, le journalisme ou encore avec la création de contenus non écoresponsables.

Ce travail – gratuit – d'établissement de frontières résulte donc d'un long processus d'interaction, entre conflit et coopération, entre une multiplicité d'acteurs et d'actrices sur les réseaux socionumériques. Il s'apparente à un travail aspirationnel (Duffy, 2017) de cadrage du marché puisque, par leurs stratégies et repositionnements, les créatrices de contenus s'efforcent de légitimer une façon de faire les échanges marchands dans laquelle leur groupe professionnel joue un rôle important et reconnu.

RÉFÉRENCES BIBLIOGRAPHIQUES

Abbott A., 2003, « Écologies liées. À propos du système des professions » *in* Menger P-M., *Les professions et leurs sociologues. Modèles théoriques, catégorisations, évolution*, Éditions de l'EHESS, Paris, p. 19-50.

Abidin C., 2016, « Visibility Labor : Engaging with Influencers Fashion Brands and #OOTD Advertorial Campaigns on Instagram », *Media International Australia*, vol. 161, n° 1, p. 86-100.

Abidin C., 2018, *Internet Celebrity. Understanding Fame Online*, Emerald Publishing, Bingley.

Akrich M., 2019, « Temporalité, régimes de participation et formes de communautés. Comprendre la dynamique d'un forum grand public autour du dépistage prénatal », *Réseaux*, vol. 2-3, n° 214-215, p. 25-66.

Allard L., Vandenberghe F., 2003, « Express Yourself ! Les pages perso entre légitimation techno-politique de l'individualisme expressif et authenticité réflexive peer-to-peer », *Réseaux*, vol. 1, n° 117, p. 191-219.

Arriagada A., Bishop S., 2021, « Between Commerciality and Authenticity : The Imaginary of Social Media Influencers in the Platform Economy », *Communication, Culture and Critique*, vol. 14, n° 4, p. 568-586.

Balsiger P., 2021, « The Dynamics of "Moralized Markets" : A Field Perspective », *Socio-economic Review*, vol. 19, n° 1, p. 59-82.

Balsiger P., Schiller-Merkens S., 2019, « Moral Struggles in and Around Markets », *in* Balsiger P., Schiller-Merkens S., *The Contested Moralities of Markets*, Emerald Publishing, Bingley, p. 3-26.

Beauvisage T., Beuscart J.-S., Mellet K., 2018, « Numérique et travail à-côté. Enquête exploratoire sur les travailleurs de l'économie collaborative », *Sociologie du travail*, vol. 60, n° 2, p. 1-22.

Bereni L., Dubuisson-Quellier S., 2020, « Au-delà de la confrontation : saisir la diversité des interactions entre mondes militants et mondes économiques », *Revue française de sociologie*, vol. 61, n° 4, p. 505-529.

Bishop S., 2019, « Managing Visibility on YouTube Algorithmic Gossip », *New media & society*, vol. 21, n° 11-12, p. 2589-2606.

Bourdieu P., 1994, « Un acte désintéressé est-il possible ? » *in* Bourdieu P., *Raisons pratiques : sur la théorie de l'action*, Seuil, Paris, p. 149-167.

Boyd D., Ellison N., 2007, « Social Netword Sites : Definition, History and Scolarship », *Journal of Computer-Mediated Communication*, vol. 13, n° 1, p. 210-230.

Cardon D., 2019, *Culture numérique*, Presses de sciences Po, Paris.

Castel P., Hénaut L., Marchal E., 2016, *Faire la concurrence. Retour sur un phénomène social et économique*, Presse des Mines, Paris.

Champy F., 2009, *Sociologie des professions*, Presses Universitaires de France, Paris.

Chauvin P.-M., 2013, « La sociologie des réputations », *Communications*, vol. 93, n° 2, p. 131-145.

Corteel D., Pélisse J., Walter E., 2009, « Introduction. Professionnalisations problématiques », *Formation emploi. Revue française de sciences sociales*, vol. 4, n° 108, p. 5-8.

Cunningham S., Craig D., 2017, « Being "really real" on YouTube : authenticity, community and brand culture in social media entertainment », *Media International Australia*, vol. 164, n° 1, p. 71-81.

Demazière D., Gadéa C., 2009, « Introduction », *in* Demazière D., Gadéa C. (dir.), *Sociologie des groupes professionnels*, Paris, La Découverte (Recherches), Paris, p. 13-24.

Djafarova E., Rushworth C., 2017, « Exploring the Credibility of Online Celebrities Instagram Profiles in Influencing the Purchase Decisions of Young Female Users », *Computers in Human Behaviour*, vol. 68, p. 1-7.

Dubuisson-Quellier S., 2018, *La consommation engagée*, Presses de Sciences Po, Paris.

Duffy B.E., 2015, « Gendering The Labor Of Social Media Production », *Feminist Media Studies*, vol. 15, n° 4, p. 710-714.

Duffy B.E., 2017, *(Not) Getting Paid to Do what you Love : Gender, Social Media, and Aspirational Work*, Yale University Press, New Haven.

Duffy B.E., Schwarz B., 2017, « Digital "woment's work ?" : Job recruitment ads and the feminization of social media employment », *New Media & Society*, vol. 20, n° 8, p. 2972-2989.

Flores L., Vernette E., 2004, « Communiquer avec les leaders d'opinion en marketing : Comment et dans quels médias ? », *Décisions Marketing*, n° 35, p. 23-37.

Gieryn T., 1983, « Boundary Work and the Demarcation of Sciences from Non-Sciences : Strains and Interests in Professional Ideologies of Scientists », *American Sociological Review*, vol. 48, n° 6, p. 781-795.

Hatchuel A., 1995, « Les marchés à prescripteurs. Crise de l'échange et genèse sociale », *in* Hatchuel A., *L'inscription sociale du marché*, L'Harmattan, Paris, p. 205-225.

Hitlin S., Vaisey S., 2013, « The New Sociology of Morality », *Annual Review of Sociology*, vol. 39, n° 1, p. 51-68.

Jourdain A., Naulin S., 2019, « Marchandiser ses loisirs sur Internet : une extension du domaine du travail ? », dans *Les nouveaux travailleurs des applis*, Presses Universitaires de France, Paris, p. 47-60.

Karpik L., 1989, « L'économie de la qualité », *Revue française de sociologie*, vol. 30, n° 2, p. 187-210.

Karpik L., 1996, « Dispositifs de confiance et engagements crédibles », *Sociologie du travail*, vol. 38, n° 4, p. 527-550.

Kellogg K., Valentine M., Christin A., 2020, « Algorithms at Work : The New Contested Terrain of Control », *Academy of Management Annals*, vol. 14, n° 1, p. 366-410.

Lafaye C., Thévenot L., 1993, « Une justification écologique ? Conflits dans l'aménagement de la nature », *Revue française de sociologie*, vol. 34, n° 4, p. 495-524.

Mäkinen K., 2020, « Resilience and Vulnerability : Emotional and Affective Labour in Mom Bloging », *New Media & Society*, vol. 23, n° 10, p. 2964-2978.

Mallard A., 2011, *Petit dans le marché. Une sociologie de la très petite entreprise*, Presse des Mines, Paris.

Mallard A., 2012, « Cadrer et encadrer la vente », *in* Cochoy F., *Du lien marchand*, Presses Universitaires du Mirail, Toulouse, p. 81-106.

Marty S., 2021, « "Swipe up" et "codes promo" : quand les influenceurs donnent vie à un storyliving dédié aux marques », *Communication & Management*, vol. 18, n° 1, p. 47-65.

McFall L., 2012, « Un "bon gars" : l'importance des liens sociaux et des sociabilités dans la promotion de l'assurance vie », *in* Cochoy F., *Du lien marchand*, (trad. Mellet K.), Presses Universitaires du Mirail, Toulouse, p. 243-271.

Mellet K., 2009, « Aux sources du marketing viral », *Réseaux*, vol. 157/158, n° 5/6, p. 267-292.

Michel M., 2022, « Vendre sans être une vendue. Écoresponsabilité et mise à distance de la prescription marchande sur les réseaux sociaux numériques », *Réseaux*, vol. 234, n° 4, p. 95-125.

Naulin S., 2010, « Qui prescrit aux prescripteurs ? Place et rôle des attachées de presse dans la construction de la prescription des critiques gastronomiques », *Terrains et travaux*, vol. 17, n° 1, p. 181-196.

Naulin S., 2014, « La blogosphère culinaire. Cartographie d'un espace d'évaluation amateur », *Réseaux*, vol. 183, n° 1, p. 31-62.

Ollitraut S., 2008, *Militer pour la planète, sociologie des écologistes*, Presses Universitaires de Rennes, Rennes.

Raymond E., 2012, « Le travail du lien entre l'entreprise et ses clients sur Internet : la socialisation des clients à la marque sur les blogs », *in* Cochoy F., *Du lien marchand*, Presses universitaires du Mirail, Toulouse, p. 243-271.

Rémy E., 2004, « Voyage en pays Bio », *Décisions Marketing*, n° 33, p. 7-17.

Simonet M., 2018, *Travail gratuit : la nouvelle exploitation*, Textuel, Paris.

Steiner Ph., Trespeuch M., 2014, *Marchés contestés. Quand le marché rencontre la morale.*, Presses Universitaires du Midi, Toulouse.

Stenger T., Coutant A., 2009, « La prescription ordinaire sur les réseaux socionumériques : un moteur pour l'activité en ligne », *Medias 09, entre communauté et mobilité*, p. 1-24.

Turiel E., 2002, *The culture of morality : Social development, context, and conflict*, Cambridge University Press, New-York.

Van Driel L., Dumitrica D., 2021, « Selling Brands while Staying Authentic : The Professionalization of Instagram Influencers », *Convergence*, vol. 27, n° 1, p. 66-84.

Weber F., 1990, *Le travail à-côté : étude d'ethnographie ouvrière*, Éditions de l'EHESS, Paris.

Zelizer V., 2017, *Morals and Markets : The Development of Life Insurance in the United States*, Columbia University Press, New-York.

LA POROSITÉ DES FRONTIÈRES DU TRAVAIL NOTARIAL À L'HEURE DU « DISTANCIEL »

Corinne Delmas
Université Gustave Eiffel,
Laboratoire Techniques,
Territoires et Sociétés
(LATTS UMR CNRS 8134)

Pendant la crise sanitaire et les confinements, le télétravail a permis aux employeurs de concilier activité économique et protection des salariés du risque de contagion. Ainsi, dès le printemps 2020, 30 % de salariés ont travaillé à domicile, parmi lesquels majoritairement des femmes et, surtout, des cadres, avec des taux plus élevés en Île-de-France. Lors du 2e confinement, à l'automne 2020, le télétravail est généralisé pour toutes les tâches le permettant, y compris dans de petites entreprises.

Le notariat, pourtant constitué d'entreprises de proximité habituellement peu concernées par ce dispositif, constitue un secteur exemplaire de cette généralisation. Lors du premier confinement, les offices notariaux ont en partie maintenu à distance leur activité, et leurs employés ont expérimenté un télétravail alors relativement inédit. Pendant cette période, le notariat est passé de 2 500 à 30 000 postes de télétravail en quelques jours, impliquant ainsi près de 50 % du personnel des offices (AL, 2021). Le dynamisme de ce secteur d'emploi (+47 % de cotisants salariés entre 2016 et 2021[1]), sa libéralisation, ainsi que la dématérialisation des activités notariales, ont facilité le recours au travail à domicile dans un secteur dont le profil des salariés (niveau élevé de qualification,

1 On dénombre 69 151 cotisants salariés en 2021, 47 083 en 2016. *Cf.* CRPCEN, 2022, p. 3.

poids des femmes[2]) correspond d'ailleurs à la fraction qui s'est retrouvée le plus massivement en télétravail. Le travail à distance s'est également développé sous l'effet de l'accroissement du nombre d'indépendants qui proposent un service de sous-traitance dans ce secteur d'emploi tendu qu'est le notariat. Plus largement, le télétravail est favorisé par la diversification des conditions (éloignement géographique, multi-employeurs…) et des formes (intérim…) d'emploi. Ainsi, il est désormais largement pratiqué, dans ce secteur, tant par des salariés, que par des prestataires indépendants. Les travailleurs y exercent de plus en plus à distance sous des statuts variés qu'une même personne peut d'ailleurs cumuler : salarié – supposant un rapport exclusif avec un seul employeur ou sur le mode multi-employeurs –, en contrat à durée indéterminée (CDI), en contrat de travail à durée déterminée (CDD), en intérim, ou prestataire indépendant… À cet égard, ce secteur concentre plusieurs évolutions contemporaines de nombreux univers professionnels, dont la diversification des statuts, la remise en cause apparente du salariat, des formes de confusion des temps et des espaces dédiés au travail et à la vie privée ainsi qu'une « dé-spatialisation » du travail que cet article se propose d'éclairer. Il s'agit ici d'appréhender ces transformations des modes de travail, à partir, notamment, d'une analyse de cette généralisation du distanciel et de ses déclinaisons.

1. Méthode et terrain d'enquête

Cet article est issu d'une étude sur le notariat. Il s'appuie sur une enquête documentaire, par observations et entretiens. Celle-ci, amorcée par une recherche sur la profession de notaire, puis un projet sur la digitalisation des activités notariales en Île-de-France, s'est élargie aux métiers du notariat sur l'ensemble du territoire national. Depuis 2014, des observations en offices et 185 entretiens avec des notaires exerçant en libéral ainsi que des salariés aux métiers diversifiés, ont été réalisés. Le travail à distance a pris, depuis 2019, une place centrale dans la recherche. L'analyse documentaire ainsi que des échanges approfondis sur les trajectoires, la vision du métier, les activités, l'organisation du travail, les évolutions vécues et l'articulation des temps et des espaces, ont permis de cerner son expérimentation en période d'épidémie mais également son maintien actuel et ses métamorphoses. Un quart des 76 entretiens

2 Parmi les cotisants salariés en 2021, on dénombre 85 % (84 % en 2020) de femmes, en moyenne six fois plus nombreuses que les hommes, parmi les moins de 60 ans (CRPCEN, 2021 et 2022).

réalisés en 2019 (27), 2020 (29) et 2021 (20), l'ont été pendant la crise sanitaire et les confinements ; la majorité des travailleurs rencontrés partagent le fait de travailler (ou avoir travaillé) à distance, mais sous des statuts différents. Certains, sans l'avoir encore expérimenté, l'envisagent. Ont été interrogés des notaires salariés, des clercs rédacteurs, des secrétaires, des assistants, des notaires stagiaires, des juristes diplômés notaires, des comptables taxateurs, des formalistes, des secrétaires standardistes et un négociateur immobilier ; tous ces professionnels exercent ou ont exercé sous des statuts diversifiés (en tant que salariés d'un ou plusieurs offices, intérimaires, indépendants…) et dans des offices de taille variable (de moins de 10 salariés à plus de 100) avec des localisations, des lieux de travail et des domiciles diversifiées (zones métropolitaine, urbaine, péri-urbaine, rurale) ; plus du tiers a connu une mobilité professionnelle. Des partenaires et intermédiaires (responsables et salariés d'entreprises de travail temporaire et de cabinets de recrutement) ont également été interrogés (n=15 depuis 2019). Les entretiens ont été effectués en présentiel et par téléphone en Île-de-France, dans les régions de l'Ouest (Bretagne, Pays-de-La-Loire, Nouvelle Aquitaine), des Hauts de France et du Sud (Auvergne-Rhône Alpes, Occitanie et PACA). La participation à plusieurs manifestations de la profession, dont les Congrès des notaires, ont par ailleurs été l'occasion d'échanges informels avec des professionnels et des partenaires de la profession.

Que nous disent ces recompositions de l'emploi et du travail affectant le secteur notarial ? Comment comprendre le recours à l'indépendance et la sous-traitance d'activités jusque-là menées par des salariés, mais aussi la porosité entre ces formes d'emploi ? Le numérique a contribué à brouiller les frontières entre travail salarié et travail indépendant en favorisant un travail à distance jusqu'alors peu usuel et qui se distingue des situations antérieures de sous-traitance de rédaction, de « clercs volants » ou encore du travail à domicile des notaires employeurs (Delmas, 2019). Ce brouillage invite à en questionner les enjeux et effets dans toute leur complexité. Comment se décline-t-il, en fonction des entreprises (taille, organisation, localisation…) et des travailleurs concernés ? Quels en sont les effets sur les espaces et temporalités du travail notarial ? Comment est-il vécu, selon les contextes ? À cet égard, s'il peut être appréhendé comme participant d'une précarisation, voire de l'« ubérisation » de l'emploi, il peut également être considéré à l'aune de tentatives de « travailler autrement », comme le propose Patrice Flichy à travers la notion de « travail ouvert » (Flichy, 2017). Les rapports au travail et leur renouvellement, mais aussi l'ambivalence de mutations synonymes tantôt de fragilisation, tantôt de libération, seront au cœur de cet article. Cette volonté de « travailler autrement » et mieux, motive le choix du télétravail de la plupart des travailleurs interrogés, fut-ce au prix de situations de débordement et d'horaires décalés qui, s'ils ne sont pas nouveaux dans ce secteur, tendent à se généraliser *via* divers avatars du travail à distance.

La revendication et la capacité à maîtriser le temps, à se soumettre ou se soustraire à des exigences élevées en termes de disponibilité dans ce milieu, et à circonscrire son espace de travail distinct (ou non) des temps et espaces familiaux et de loisirs, sont fortes tout en se déclinant de manière très contrastée dans un secteur d'emploi en forte croissance et marqué par une diversification des statuts. Face, à la fois, aux enjeux et aux risques du travail à distance, en termes notamment de maîtrise spatiotemporelle ou au contraire de débordement, diverses stratégies de circonscription du temps et de l'espace de travail sont mises en place, en fonction des métiers, des offices, des statuts, mais aussi des profils socio-démographiques, des trajectoires, des ressources et des conditions de vie des travailleurs concernés, avec des variations sexuées dans un milieu marqué par d'importantes hiérarchisations genrées. Cette organisation d'un espace de liberté peut impliquer le choix de certains statuts (indépendance, intérim) et modalités de travail (télétravail) ; elle peut également motiver la sortie d'un secteur parfois vécu comme pathogène…

I. UN BROUILLAGE CROISSANT DES STATUTS

Secteur d'emploi en pleine croissance, le notariat connaît aujourd'hui d'importantes recompositions contribuant à la diversification et à la porosité des statuts, entre indépendance et salariat.

I.1. LE NOTARIAT : UN SECTEUR D'EMPLOI EN PLEINE CROISSANCE

Le notariat est dominé par les figures du « notaire », officier public et ministériel délégataire d'une parcelle de puissance publique tout en exerçant en tant que libéral, et du « clerc », à qui l'essentiel des activités de rédaction des actes est, très tôt, déléguée. Des conditions d'entrée dans la profession de notaire historiquement fondées sur la cooptation, l'importance accordée à la formation « sur le tas » de clercs aspirant parfois à devenir notaires[3] et le caractère avantageux d'un régime spécifique de protection sociale[4] contribuent à souder employeurs et salariés unis ici par une communauté d'intérêts (Delmas, 2019), et l'appétence des notaires libéraux pour un régime dont ils relèvent, en tant qu'anciens salariés des études[5].

Aujourd'hui, ce secteur professionnel est en pleine croissance ; à la suite d'un essor du nombre de cotisants salariés de près de 50 % depuis cinq ans[6], avec une croissance tendant à s'accélérer (+11 % entre 2020 et 2021), 69 151 salariés exercent en 2021, à plus de 88 % à temps plein[7], une large palette de métiers. Si le notaire a des activités de conseil et d'authentification d'actes juridiques, la rédaction est largement déléguée aux clercs ou juristes rédacteurs (Bac+4)[8], aux stagiaires apprentis notaires (Bac+5) voire à des diplômés notaires (Bac+8) qui, sans être « notaires » en titre, sont parfois appelés « notaires assistants ». Les tâches plus administratives (recueil des pièces, suivi des dossiers) peuvent être confiées à des assistants et secrétaires juridiques (BTS notariat) qui gèrent également les appels téléphoniques, les rendez-vous, mettent en forme les actes voire, s'agissant des assistants rédacteurs (licence professionnelle), les rédigent. Le notariat implique aussi des activités dites de « taxe » et « formalités » ; la première est assurée par des comptables taxateurs (d'un niveau minimum BTS) chargés de la gestion économique et comptable de l'office, de la facturation des prestations notariales, du calcul de la

3 Antérieurement à la possibilité de s'associer (1966) et à l'obligation de diplôme pour devenir notaire (1973), les offices sont dirigés par un principal clerc, en charge de la gestion et de la formation du personnel. La promotion interne (de coursier, souvent recruté jeune, ou de « petit clerc », généralement non payé, au premier ou principal clerc en passant par différents emplois, de secrétaire, téléphoniste…), des cours par correspondance, une formation professionnelle à l'école polytechnique du notariat, permettent de passer les examens de premier clerc et éventuellement de notaire.

4 La profession disposant depuis 1937 d'une Caisse de Retraite et de Protection des Clercs et Employés du notariat (CRPCEN). Ce régime spécial, primaire et complémentaire, est plus avantageux que le régime général, tant sur le plan des prestations sociales que des retraites, avec des pensions élevées et des possibilités de départ précoce en retraite.

5 Leur retraite libérale relevant pour sa part de la Caisse de retraite des notaires, instituée en 1948.

6 *Cf. supra*, note 1.

7 11,46 % (12 % des femmes, 7 % des hommes) sont à temps partiel en 2021, contre 18,4 % des salariés tous secteurs confondus (CRPCEN, 2022 ; DARES, 2022).

8 Ou « collaborateurs » de notaire, terme désignant à la fois l'ensemble des salariés des études et spécifiquement les clercs de notaire. C'est dans son premier sens qu'il sera utilisé ici.

part d'impôts à reverser à l'État et, dans certaines études, de la gestion du personnel. Les formalistes (BTS formalités) vérifient l'ensemble des actes reçus par les notaires qu'ils transmettent aux organismes publics concernés, contribuant à leur enregistrement et à leur publication.

Le secteur tertiaire a joué un rôle important dans la transformation du monde des employés, la « révolution administrative » ayant autorisé la mise au travail de jeunes filles et de femmes d'origine bourgeoise (Gardey, 2001) et contribué à la féminisation de la plupart des activités bureaucratiques : tenue du standard, sténographie et secrétariat, symbolisant de plus en plus l'émancipation des femmes… De tels métiers érigeant la féminité en qualité professionnelle et confortant une relation sociale de dépendance par rapport à la position de patron (Pinto, 1990) dominent au sein d'un notariat qui n'a cessé de se féminiser et regroupe aujourd'hui des techniciens (pour 52 %), cadres (23 %) et employés (25 %)[9], qui sont pour 85 % des femmes (CRPCEN, 2022), à l'instar des autres professions libérales du droit[10] ; les notaires employeurs sont, quant à eux, à 60 % des hommes[11], les femmes notaires exerçant davantage sous statut salarié ou à la tête de petites études. La division du travail reste relativement sexuée dans les offices, les femmes étant sur-représentées parmi les employés et les techniciens et dans des tâches peu valorisées, impliquant une grande disponibilité (accueil, secrétariat…), le sens relationnel, la méticulosité… À l'accueil, les collaboratrices doivent « gérer le stress » des clients, s'occuper des prises de rendez-vous et de tout un ensemble d'activités d'exécution et de service. Pour leur part, les notaires salariés sont pour plus des deux-tiers des femmes. Ce phénomène, explicable par le nombre de femmes diplômées notaires[12], est parfois justifié par un choix de vie « féminin » visant à concilier famille et métier ; il a pu être considéré aussi, par une notaire associée, comme moins engageante en termes d'association future :

9 Le statut de technicien recouvre l'essentiel des métiers du notariat, mis à part les personnels d'accueil, standardistes et secrétaires, ayant le statut d'employés ; tandis que les notaires salariés et, plus largement, tous les diplômés notaires, ainsi que les responsables de service, office, communication, exercent sous celui de cadre.

10 Qui apparait, avec 82 % de femmes, comme le secteur le plus féminisé après celui des professions libérales de santé (88 %) (U2P, 2019, p. 32).

11 Un comptage personnel (sondages et dépouillement d'annuaires) laisse apparaître 40 % de femmes parmi les notaires employeurs soit un pourcentage conforme voire un peu supérieur à celui des autres secteurs, mais alors que plus de 50 % des notaires sont des femmes.

12 Les femmes représentent plus de 70 % des 800 à 1 000 des diplômés notaires annuels.

> Vous savez pourquoi on va plutôt recruter des femmes ? Parce qu'un homme salarié, il va falloir l'associer. Lui il vient pour être associé. C'est dans l'ordre logique des choses. C'est différent pour les femmes.

Une forme de plafond de verre perdurerait, cantonnant les femmes à certains statuts (notamment salariés), domaines (droit de la famille), entreprises (offices créés, petites études) et lieux (zone rurale et périurbaine), attestant du caractère genré des segmentations au sein de ce secteur d'activité.

En 2022, le notariat constitue un monde de TPE et PME, avec un peu moins de 9 salariés en moyenne par étude, des modes de gestion souvent jugés paternalistes, mais également une forte hétérogénéité entre des offices implantés sur l'ensemble du territoire national. Le notariat est également un milieu d'interconnaissance au sein duquel la réputation des offices et des notaires est largement partagée par le bouche-à-oreille et, aujourd'hui, les réseaux sociaux. Sur un territoire donné, cette propagation orale a une grande influence sur les embauches et la plupart des candidats se font une idée assez précise des études existantes, *a fortiori* sur un marché de l'emploi tendu.

I.2. UN MARCHÉ DU TRAVAIL NOTARIAL EN RECOMPOSITION

Des métiers tendent à s'effacer (Gadea et Grelon, 2009) tel celui de secrétaire. Dans le notariat, ce terme est de moins en moins usité et les nouveaux profils de secrétaire sont davantage issus du milieu juridique. Sans sombrer dans un déterminisme technologique (Gollac, 2003 ; Benedetto Meyer et Boboc, 2021), l'informatisation et la dématérialisation de l'acte avec l'Acte authentique électronique[13] ont contribué à cette disparition ; plus largement, elles ont eu des effets sur l'organisation des offices et le contenu des métiers. Inversement, des besoins inédits émergent. Les responsables de cabinets de recrutement mentionnent notamment les spécialistes d'immobilier complexe, aptes à gérer les opérations impliquant du résidentiel et du commercial ou des ventes en l'état futur d'achèvement (VEFA). Ces recruteurs soulignent être particulièrement sollicités pour ce type de profil que les offices peinent à recruter, la demande excédant l'offre. Une autre requête concerne le poste d'*office manager*, assez proche

13 Qui existe depuis 2008. Aujourd'hui, près de 90 % des actes sont signés et conservés sous format électronique.

de celui de secrétaire d'une entreprise recouvrant notamment la GRH ; jusqu'alors réservé aux grosses structures, ce besoin se diffuse dans des études de taille moyenne. Cette montée en force est en partie liée à l'essor d'une approche plus entrepreneuriale du métier encouragée par les instances professionnelles dans une période de réforme.

À la suite de la loi « croissance » du 6 août 2015 réformant les professions réglementées, le tarif des notaires relève désormais du code du commerce. Sous l'œil de l'Autorité de la concurrence et du Ministère de l'Économie et des Finances, le notariat fait l'objet d'une normalisation entrepreneuriale ; les offices sont invités à se doter d'une comptabilité analytique, les tarifs doivent être réformés et la recherche de rentabilité est plus ouvertement affichée dans un climat de concurrence accrue. Cette réforme dite « Macron » a en effet contribué à un fort accroissement du nombre de notaires qui, de moins de 10 000 en 2015, sont plus de 17 000 sept ans plus tard ; outre l'incitation des offices à recruter massivement des notaires salariés (représentant 10 % de la profession en 2015, plus du tiers en 2022)[14], de nombreux créateurs d'offices ont été nommés depuis 2016 (1 633 en 2018, 733 en 2021, 250 d'ici 2023), la loi offrant à des diplômés notaires, parmi lesquels majoritairement des femmes[15], la possibilité de créer leur propre étude sur la base d'un tirage au sort. S'ajoutent des regroupements, mises en réseau et fusions d'offices croissants, avec pour enjeu de proposer une diversité de services, ce qui amplifie l'expansion de structures interprofessionnelles du droit et du chiffre (holdings capitalistiques et sociétés d'exercice pluriprofessionnel)[16]. Des mutualisations de moyens sont également motivées par la situation tendue des emplois ; l'appel d'air des nominations de notaires ayant bénéficié en partie à des salariés diplômés notaires, la croissance du nombre d'offices employeurs, dans un contexte d'embellie immobilière et d'essor des activités notariales[17], a entraîné de nombreux débauchages de salariés et une pénurie de main-d'œuvre qualifiée. Ces mutations favorisent un travail à distance qui, attractif pour les salariés, tout en répondant aux défis soulevés par

14 Par divers biais dont la suppression, depuis 2020, de la possibilité pour les notaires d'habiliter des clercs à « recevoir » les actes à leur place.

15 Plus de 60 % de ces créations l'ont été par des femmes (Delmas, 2019).

16 Sur l'interprofessionnalité dans un contexte d'internationalisation des échanges, *cf.* Delmas, 2019.

17 +6,4 % de chiffres d'affaires entre 2019 et 2020, et + 4,5 % entre 2020 et 2021. (CRPCEN, 2021, 2022).

ces réorganisations, phénomènes de concentration, recompositions territoriales, voire risques de déserts notariaux[18], peut être proposé lors des recrutements (Delmas, 2021a). Cette situation se traduit également par une diversification des formes d'emploi avec un recours grandissant à la sous-traitance ainsi qu'à l'intermédiation de cabinets de recrutement et d'agences d'intérim.

Les notaires employeurs ont recours à l'intérim en tant que pré-recrutement pour un poste à pourvoir ou pour faire face à un surcroît d'activités. Pour les professionnels engagés, l'intérim permet de maîtriser leur volume horaire, de prévoir un temps partiel ou de se limiter à un 35 heures pour des raisons familiales ou personnelles, deux types de limitation peu usuels voire mal perçus dans les études où le temps plein voire les dépassements horaires dominent[19]. L'intérim est aussi une solution d'attente pour de jeunes diplômés testant plusieurs études avant un choix définitif, voire expérimentant une diversité de compétences et de structures (petites études impliquant la polyvalence, grosses études plus sectorisées…). Souvent synonyme de report de la stabilisation professionnelle, l'intérim permet également de partir aisément d'études où prédomine le sentiment d'une insuffisante reconnaissance ou de conditions de travail dégradées. L'enjeu peut aussi être financier comme le relève Hélène, clerc diplômée notaire qui l'avait envisagé lorsqu'elle « cherchait à tâter le terrain » avant de se fixer :

> H. : Comme on est dans des métiers, on est plutôt des cadres, donc même si c'est de l'intérim, on peut s'y retrouver.
> E. : Financièrement ?
> H. : Oui, parce qu'il y a l'indemnité de précarité, l'indemnité de congés payés et le 13e mois donc, du coup, ça peut être intéressant.

En outre, l'intérim rend accessible un télétravail parfois perçu comme encore insuffisamment développé dans les offices (Delmas, 2021b), ainsi que des formes de sous-traitance, comme le précise une clerc salariée en télétravail :

> Il y a de plus en plus de boîtes d'intérim spécialisées dans le notariat qui fleurissent et qui justement proposent des locaux pour certaines où ils embauchent

18 Mis en avant par la profession, la réforme favorisant le libre choix d'installation et permettant des déplacements d'offices au sein des bassins d'emplois (306 en 2020), plutôt qu'au sein de bassins de vie (1 663 en 2021) plus étroits.

19 *Cf. supra*, note 7.

> des clercs et ces clercs ben, du coup, sous-traitent pour des notaires. Aujourd'hui, c'est majoritairement sur Paris, mais ça se développe un peu dans toute la France. (…) Il y a des boîtes d'intérim qui proposent le télétravail, donc c'est aussi pour ça que j'y avais pensé.

L'intérim facilite également le changement en fin de carrière et permet à des retraités de poursuivre une activité, le régime du notariat les autorisant à rejoindre le régime général pour cotiser davantage. Ces trajectoires attestent à la fois de la diversité des rapports à l'intérim et du poids d'un « intérim de profession » (Faure-Guichard, 2000), c'est-à-dire d'un usage stratégique et d'un rapport positif à cet emploi atypique auquel un quart des notaires avaient déjà recours au début des années 2000 et qui semble s'être encore accru[20].

La sous-traitance d'indépendants constitue une autre modalité de travail en pleine croissance[21]. Elle permet aux notaires de faire face à une surcharge d'activités ne justifiant pas un temps plein. Les créateurs d'offices sont particulièrement demandeurs, comme le souligne Marie, ancienne notaire ayant revendu son office, créé vingt ans plus tôt, pour devenir prestataire de services de back-office notarial auprès d'une clientèle largement constituée de notaires créateurs :

> Je me suis dit que ça pouvait être intéressant pour les créateurs de sous-traiter ou de se faire former le cas échéant aux formalités postérieures et à la taxe et à la comptabilité, pendant qu'eux s'occuperaient de faire rentrer des dossiers (…). On ne peut pas tout faire quand on est créateur. (…) Ils ne peuvent pas embaucher au début, ils n'ont pas matière à occuper, même à temps partiel, un comptable ou un formaliste, et à le payer. Donc, là au moins, ils paient un prestataire qui se fait payer pour les heures qu'il fait, c'est-à-dire pas grand-chose au début.

Réciproquement, l'indépendance permet d'éviter la polyvalence et la dispersion, en office, en de multiples tâches éloignées de son métier.

20 24 %, avec une pratique plus régulière dans les grandes villes, où un notaire sur deux utiliserait alors les services d'agences de travail temporaire, la pratique étant plus limitée en campagne et dans les petites villes de province, parfois par « manque de solutions locales » ou faute de besoins (*Notariat 2000*, 2006). Depuis, dans un contexte tendu en termes d'emplois, les cabinets spécialisés en recrutement et en intérim se sont multipliés.

21 Si les données quantifiées manquent, on peut citer, parmi les indicateurs de cette croissance, l'essor des offres de prestations et la création de sites dont, en 2014, une plateforme de mise en relations entre notaire et prestataires, Prestanotaires (*Village des notaires*, 2017) mais aussi les velléités d'encadrement de cette offre par la profession (CSN, 2019).

Ce choix ou le cumul de statuts (autoentrepreneuriat et salariat) est notamment pratiqué par les formalistes, avec la généralisation de l'envoi dématérialisé des actes aux services de publicité foncière par Téléacte, obligatoire depuis 2018. L'indépendance leur permet de se recentrer sur leur cœur de métier, alors qu'en office, surtout dans les petites structures, ils sont souvent contraints d'assumer des tâches subalternes (photocopies, standard, accueil…) Elle garantirait également une meilleure reconnaissance, alors qu'« en étude », la formaliste « mal reconnue, mal vue », serait « un peu péjorativement bonne qu'à cliquer et faire des photocopies » indique Martine, formaliste indépendante. Quel que soit le métier, l'indépendance offre aussi la possibilité d'une plus grande souplesse en termes d'organisation temporelle. Ce choix peut intervenir en début de carrière ou après plusieurs années de salariat. Alice, secrétaire exerçant en « free-lance » depuis près de deux ans, retrace ainsi son expérience salariée dans plusieurs secteurs professionnels et les insatisfactions ressenties ; si les difficultés « à se démarquer » et la dimension commerciale des assurances l'incitent à se réorienter vers le notariat, les vicissitudes et la faible valorisation du poste de standardiste occupé, moins bien rémunéré que son précédent eu égard son ancienneté, la dissuadent de rester salariée. L'impossibilité d'obtenir un temps partiel dans l'office où elle travaille ensuite à la constitution de dossiers afin de pouvoir se consacrer à sa société, l'amène à travailler dans un troisième office en CDD puis à expérimenter le chômage avant de voir sa « boîte » « démarrer », avec quelques « petites missions » pour une avocate et la rencontre de ses clientes notaires, par le bouche-à-oreille. Le parcours d'Alice, bientôt en fin de droits de chômage et qui n'a pu travailler entre mars et fin août en raison du contexte sanitaire, montre le fort risque de précarité lié au statut d'indépendant comparativement au salariat.

L'analyse des situations d'emploi et des parcours individuels atteste l'essor d'emplois précaires et de statuts hybrides, à l'instar d'autres secteurs. Les évolutions récentes du travail et de l'emploi tendent à brouiller les frontières entre indépendance et salariat (Bernard et Dressen, 2014) avec, à l'échelle d'un individu et/ou d'un office, du cumul de statuts et d'activités (Abdelnour, 2017), ainsi que de l'imbrication de plusieurs conditions d'emploi…

I.3. DIVERSIFICATION ET POROSITÉ DES STATUTS

Dans le notariat, sur fond d'augmentation du nombre de petites structures (offices créés) et du volume d'affaires, les modalités et conditions de travail se diversifient avec des situations de cumul d'activités et de statuts à l'échelle individuelle : exercice salarié à temps partiel, en CDD ou CDI, pour deux ou trois offices[22], conciliation d'un exercice salarié dans une étude (à temps partiel et/ou en télétravail) et d'activités en autoentrepreneuriat… Certes, les possibilités d'exercer en tant qu'indépendant varient selon les métiers. Par exemple, il est en principe impossible de sous-traiter de la rédaction d'acte à des indépendants depuis une charte du Conseil Supérieur du Notariat (CSN) l'interdisant[23] ; les offices peuvent cependant recourir à des « secrétaires » qui, se consacrant à la constitution de dossiers, déchargent les rédacteurs. Certaines formes de confusion entre l'indépendance et le salariat existent, le ou la prestataire travaillant dans l'office pour des raisons pratiques (scan, rangement…), de confidentialité, mais aussi peut-être pour se conformer aux « cadres collectifs temporels » (Rosa, 2010) du travail par une forme de rapport « synchrone » au temps reproduisant le cadre idéal-typique de la journée de travail salariée (Letourneux, 2020). Alice, secrétaire indépendante, indique ainsi des conditions de travail proches du salariat :

> Je me rends compte que malgré tout et peu importe les lieux, les clients que j'ai, ils aiment toujours bien une heure fixe de début, une heure fixe de fin, (…) les clients aiment quand même que ça se conforme avec du salariat, pour savoir quand j'arrive, quand je repars, et pouvoir bien préparer la journée de travail.

22 Par exemple, une clerc indique travailler pour deux études à temps partiel, trois jours chez son employeur principal et deux chez une notaire venant de s'installer à laquelle il avait proposé sa candidature. Une comptable taxatrice exerce pour sa part, au moment de l'entretien, pour trois employeurs ; après avoir été recrutée sur annonces par deux notaires pour lesquels « c'était du 60 % par semaine », un troisième la contacte deux mois plus tard « pour rajouter 30 % de temps en plus […] j'ai signé trois contrats de travail ». Outre des défis en termes d'organisation (prise de congés…), ce type de situation est perçu comme provisoire, car susceptible d'éclater en fonction de l'évolution des chiffres d'affaires et des attentes respectives en termes de volume horaire.

23 *Cf.* CSN (2019). La délocalisation et la sous-traitance de la rédaction sont des phénomènes réels, particulièrement à Paris, pour des raisons notamment de coût salarial pour les entreprises (Delmas, 2019). L'interdiction s'inscrit dans un contexte de réforme d'une profession ayant failli perdre le monopole en matière de rédaction d'actes, mis en cause par un rapport de l'Inspection des finances de 2013.

Elle fait d'ailleurs référence à « ses patronnes » et à un fort sentiment d'appartenance à un collectif :

> ça c'est très bien passé, mon intégration dans l'équipe, et d'ailleurs mes patronnes avaient du mal à s'y faire. Elles me disaient, mais je ne comprends pas, vous êtes prestataire et pourtant, on a l'impression que vous êtes là comme si vous étiez une salariée, vous êtes intégrée à l'équipe.

L'intérim et l'indépendance offrent la possibilité de travailler dans un office, voire d'y être ensuite recrutés comme salariés[24] ; ils répondent aussi à une aspiration des collaborateurs à une mise à distance du temps et du lieu de travail. À cet égard, le télétravail est parfois perçu comme libérateur de situations de dispersion (Datchary, 2011), de la pression des clients, du transport, etc. (*cf.* Delmas, 2021a, 2021b). Certaines agences d'intérim le proposent, tandis que plusieurs prestataires indépendants indiquent y recourir. Il facilite également la poly-activité, voire le passage à un statut entrepreneurial plus valorisant même si moins protecteur et plus précaire – mais dans un secteur d'emploi où le retour au salariat reste toujours envisageable. Le télétravail permet par ailleurs aux employeurs de pallier les pénuries de travailleurs qualifiés dans certains territoires (essentiellement en régions et dans les DOM-TOM), et un marché immobilier tendu en région parisienne. Ses enjeux et ses formes attestent au fond du rapport contraint au temps de travail. Des formes variées de débordement existent dans ce secteur d'emploi aux fortes hiérarchisations statutaires et genrées.

II. SITUATIONS DE DÉBORDEMENT ET POROSITÉ ENTRE TEMPS DE TRAVAIL ET HORS TRAVAIL

Les temps de travail se déclinent de manière nuancée selon le statut d'emploi et le niveau de responsabilité. Les notaires salariés peuvent être particulièrement confrontés à un débordement du travail renforcé

24 C'est par exemple le cas d'Alice qui sera finalement recrutée par ses clientes notaires, à l'issue de son chômage, et cumulera alors une double activité, salariée à temps plein et auto-entrepreneuriale.

par le recours au télétravail. Les autres collaborateurs connaissent des amplitudes de travail plus limitées, avec toutefois plusieurs sources, contrastées, de pression et d'intensification. Pour leur part, les prestataires indépendants font état d'un temps à l'élasticité variable selon les ressources et les situations.

II.1. LE DÉBORDEMENT DU TRAVAIL DES NOTAIRES SALARIÉS

Le statut de notaire salarié s'est considérablement étendu et remplace certaines catégories de clercs aujourd'hui disparues. Il est parfois vécu comme un choix par défaut, l'objectif étant une association qui peut tarder. Ces notaires dont l'aspiration à l'indépendance se heurte à une relative fermeture du marché malgré l'appel d'air des créations précitées d'offices notariaux dans le cadre de la réforme « Macron », expérimentent une « misère de position » (Bourdieu, 1993) au sein de cet univers prestigieux et privilégié. Les diplômés notaires sont aujourd'hui souvent méfiants à l'égard d'un statut perçu comme « totalement à double tranchant ». Romane, cadre diplômée notaire, indique :

> Les attentes qu'il y a derrière sont parfois démesurées. (...) La contrepartie, c'est que vous n'avez plus de vie privée.

Ici, en effet, le travail à contretemps (dossiers que l'on ramène à son domicile, travail en fin de journée voire le week-end...) est présenté comme nécessaire, le notaire salarié étant censé être sur son lieu de travail pendant les heures d'ouverture de l'office afin d'accueillir les clients et signer des actes. « Cela fait partie du contrat » indique un notaire salarié francilien. Ce surinvestissement serait consubstantiel au rôle de notaire, responsable de ses actes et qui n'est pas censé compter ses heures ; il est également attendu par des employeurs faisant miroiter l'association. Ce surinvestissement conduit à privilégier le temps de l'office, en empiétant sur la sphère privée comme le décrit Rémy, notaire salarié exerçant depuis une dizaine d'années dans un office de quatre salariés :

> E. Vous ramenez du travail chez vous, c'est ça ?
> R. Quasiment tous les jours. (...) Il n'y a pas le choix. S'il faut, il faut. Et là effectivement on va dire qu'on est dans une période de surchauffe. (...) Plus de dossiers, plus de rentrées. (...) Une heure et demie tous les soirs et le week-end (...) J'arrive ici le matin, je bosse. Je repars chez moi pour re-travailler.

Le télétravail a clairement pour enjeu ici de « gagner du temps », « mieux travailler » et être plus efficace, fut-ce au prix d'une atteinte à sa vie privée et du surtravail voire de la pénibilité (Goussard et Tiffon, 2016). Ce type d'investissement en débordement (Hallépée et Mauroux, 2019) est proche de celui des cadres supérieurs d'autres secteurs, particulièrement concernés par le télétravail pendant le confinement (Lambert *et al.*, 2020) et ayant massivement recours au télétravail en débordement depuis parfois bien plus longtemps (Cléach et Metzger, 2004). Le notaire précité souligne :

> C'est un très bel outil le télétravail, j'en suis très content parce que ça me permet d'arriver le matin de façon plus sereine en me disant : bon ça j'ai pu le traiter hier soir, (…) je vais pouvoir me concentrer sur d'autres choses, d'autres urgences (…). Ça me permet effectivement d'arriver plus serein, mais en me disant : du coup, où est mon côté vie privée ?

Ce qui est ici appréhendé comme une commodité est moins facilement accordé à des subalternes à l'autonomie sous contrainte ; pourtant, l'amplitude des journées de travail peut s'avérer également élevée, avec toutefois de forts contrastes selon les métiers, statuts et offices, et aujourd'hui des salariés plus mobiles dans un contexte de fort débauchage.

II.2. L'AMPLITUDE CONTRASTÉE DES JOURNÉES DE TRAVAIL

Les conditions varient selon les métiers. Les salariés évoquent souvent la pression exercée par la clientèle avec laquelle ils sont en contact direct et récurrent (accueil, standard, conseil, rédaction d'actes), au contraire de leurs collègues du « back office » qui s'estiment préservés. À cette pression peut s'ajouter celle des employeurs au sein de structures où il s'agit de « faire des actes » qui déterminent le chiffre d'affaires. Certains clercs expriment le sentiment d'être très sollicités à l'office voire corvéables à merci ; ils doivent ainsi assurer des rendez-vous de signature à l'extérieur d'autant plus contraignants qu'ils peuvent se tenir hors les horaires d'ouverture. À cet égard, des formes de travail en débordement existent mais sans le recours au télétravail dont les possibilités sont restreintes par une norme de forte disponibilité. Une clerc mentionne ainsi :

> Le fait que par exemple, quand on va dans des rendez-vous à l'extérieur, parce qu'on accompagne les clients, (…) il y a beaucoup d'études qui envoient les

> clercs chez le confrère[25], et comme beaucoup de clients préfèrent venir aux horaires hors travail, donc à partir de 17h-18h, ça oblige en fait les clercs à dépasser systématiquement leurs horaires de travail (…). C'était aussi le problème qui s'est posé pendant le confinement, puisque… comme les clients ne pouvaient plus se déplacer à l'étude, il fallait signer les actes quand même, on faisait des procurations, les procurations, c'était aux clercs de les signer, donc du coup, il y a certains patrons qui obligeaient leurs clercs à revenir à l'étude pour signer les actes… (…) C'est tout à fait normal pour les patrons alors que nous, de notre point de vue, on se dit que c'est leurs clients (…) donc ce serait pour nous plus logique que ce soit le notaire qui accompagne les clients. (…) Ce n'est pas toujours le cas. (…) surtout dans les grandes études, parce qu'il y a des actes c'est l'aspect financier qui prévaut donc on essaie de signer le plus d'actes simultanément possible, donc quand le notaire est à l'étude, il ne peut pas être ailleurs, donc, c'est pour ça qu'on envoie les clercs.

Cette norme tend toutefois à être plus ouvertement remise en cause par des salariés hésitant moins à démissionner et à envisager de fréquentes mobilités, dans un contexte de fort débauchage, du moins pour les plus diplômés et expérimentés. S'ajoutent, sans doute, des effets générationnels souvent mis en avant. Hélène, clerc diplômée notaire en télétravail depuis le premier confinement indique ainsi :

> Je fais partie d'une génération qui a un peu moins peur de démissionner aussi. (…) Il y a un *turnover* très important. (…) C'est les mêmes clercs qui se retrouvent dans les études dans le même secteur géographique, donc, au final on se retrouve un peu quoi ! (…) À un moment donné, quand il y a un différend trop important avec le patron, on se dit que de toute façon on va retrouver ailleurs.

Romane indique combien la mobilité « en ce moment c'est très facile » :

> Et d'ailleurs j'en ai bénéficié. C'est vrai qu'en ayant bougé pas mal au début, moi ça ne me choque pas de rebouger si ça ne me convient pas. Comme dans mon parcours j'ai quand même accepté des contrats de courte durée que j'ai menés à terme, pas de souci, mais je me suis, c'est vrai, habituée à une certaine variété, à une certaine mobilité qui fait que si je reste coincée dans un poste, par exemple sectorisé, je sais qu'à terme ça va un petit peu m'ennuyer.

---

25 Les signatures d'actes avec plusieurs notaires se déroulant normalement à l'office du « notaire en premier » avec la participation du « notaire en second » ou, dans la pratique, de l'un de ses clercs.

De fortes amplitudes de travail peuvent également résulter d'une désorganisation de l'office, fréquente dans un contexte de *turnover* dans les équipes comme en attestent ces propos d'une diplômée notaire exerçant comme notaire assistante en zone urbaine :

> En général, on est obligé de faire des heures supplémentaires qu'on ne peut pas prévoir, c'est quand, par exemple, il y a un départ d'un collaborateur avec les règles du préavis qui font qu'on se retrouve très souvent avec un collaborateur en moins pendant une période qui peut aller d'un mois dans le meilleur des cas à plusieurs mois. (…) Et c'est là qu'on peut être amené à faire des heures supplémentaires qui ne seront pas payées forcément. Mais quand on est un peu pris à la gorge, la masse de travail il faut bien la gérer. Si on ne la gère pas, on sait bien qu'à terme, ça va poser des problèmes encore plus difficiles à gérer. Après, il y a des études qui fonctionnent tout le temps comme ça ; où la masse de travail est telle qu'il est humainement impossible de la mener convenablement. Mais ça, ce sont les études qui sont en général confrontées à un très fort *turnover*.

Ces situations, fréquentes, concernent tous les postes. Léa, comptable exerçant dans plusieurs offices indique ainsi avoir, au début, « fait des heures sup » :

> L. : Je rentrais tard chez moi, à 21 h. Au final, je me suis dit bon, on ne te paie pas tes heures sup, tu vas arrêter d'en faire. (…) J'arrive plus tôt, une demi-heure en avance comme je sais que j'ai une grosse journée, ou une heure avant, mais c'est juste pour être tranquille entre guillemets, pour ne pas avoir mes collègues autour et travailler comment dire, être focus, mais par contre je vais toujours partir à l'heure. Je ne vais pas faire comme au début, à travailler trois heures en plus.
> E. : Pourquoi vous travailliez trois heures en plus au début ? Pour terminer vos dossiers ? Parce qu'on vous le demandait ?
> L. : Au début, c'était surtout parce qu'il y avait du retard. Comme on était dans un office où il n'y avait pas eu de comptabilité pendant quelques mois, que personne ne l'a faite, bien… (…) C'est des retards à rattraper, et comme je ne suis pas toute la semaine au même endroit, cela me prend un peu plus de temps.
> E. : Ce n'est pas compliqué d'aller en intermittence dans un office, car le travail s'accumule ?
> L. : Franchement, c'est une organisation. Et puis on a ses habitudes, je note tout ce que je fais pour ne pas oublier et puis voilà.

L'amplitude horaire et les contraintes temporelles et spatiales, souvent subies, justifient l'expérimentation de mobilités désormais normalisées.

Cette délimitation d'un cadre spatio-temporel de travail dépend des ressources dont disposent les professionnels pour imposer des limites aux exigences des employeurs ou du marché, comme en atteste le cas d'indépendants davantage confrontés au risque de précarité.

II.3. « SI VOUS VOULEZ, JE VOUS DONNE TOUS MES SAMEDIS ». L'ÉLASTICITÉ DU TEMPS DES INDÉPENDANTS

Le choix de l'indépendance se fait au prix d'une forte disponibilité et d'un temps de travail plus extensible que dans le salariat, particulièrement pour les femmes (Barrois et Devetter, 2017), qu'il s'agisse de concilier des activités salariées et une activité entrepreneuriale, ou de se constituer une clientèle suffisante. Le cas d'Annabelle est exemplaire du premier cas de figure. Formaliste dans un office parisien en télétravail pour avoir suivi son conjoint en région, elle concilie une activité salariée en télétravail à 100 % (avec un retour mensuel à l'office) et de l'aide à la création d'entreprise apportée aux créateurs d'offices dans le cadre de son entreprise de services, qu'elle a créée quinze ans plus tôt. Elle déclare, à propos de l'étude où elle est salariée, qu'elle « a de quoi s'occuper toute la journée », et accomplit presque des « doubles journées de travail ».

La forte amplitude des journées peut également s'expliquer par la recherche et la fidélisation de clientèle. C'est le cas d'Alice, secrétaire free-lance qui, en fin de droits de chômage, indique avoir « envie de faire le maximum », ne pas souhaiter se « fermer des portes » et avoir « dit oui à tout le monde ». Son temps est d'autant plus élastique qu'elle dispose de ressources insuffisantes pour défendre un rapport autonome au temps. Car l'équation temporelle est variable d'un indépendant à un autre ; on peut à cet égard distinguer entre les « dominants » et les « dominés » temporels (Letourneux, 2020) ; si les plus fragiles sur le marché subissent les contraintes imposées par le donneur d'ordre, la « norme flexible autonome » (Bouffartigue, 2012) est le propre de personnes pouvant maîtriser les variations de leur temps de travail et disposant de davantage de marge de manœuvre pour négocier les temps d'exécution.

À cet égard, les deux trajectoires d'Alice et de Marie sont exemplaires de ces deux pôles. Alice offre ses services de « secrétaire free-lance ». Elle occupe une place très instable sur le marché en raison d'un faible niveau de diplôme et d'une expérience professionnelle limitée dans le notariat.

Son réseau dans les professions juridiques reste à consolider. Elle est par ailleurs confrontée, par son « métier » en voie de déprofessionnalisation et ses faibles ressources, à une forte poly-activité ; elle travaille pour une diversité de clients et de secteurs, et se présente comme une facilitatrice polyvalente assumant des tâches dévalorisées de scan, transcription, voire de service à la personne, apportant son aide à l'une de ses clientes pour des actes de la vie quotidienne (rangement de bureau, récupération de *drive*). Le temps de cette indépendante est particulièrement élastique ; les défections, les changements et les demandes de dernière minute sont légion et nécessitent une souplesse et une disponibilité de tous les instants :

> Au mois de juillet, j'y suis allée jusqu'au 10 parce qu'elles [des clientes notaires] avaient embauché quelqu'un qui commençait le 14. (…) Fin juillet, elles finissent par m'appeler (…) donc je suis venue une semaine en août, ensuite elles m'ont demandé une seule journée de venir en septembre, (…) là, les notaires se sont retrouvées prises de court de m'avoir dit non le jeudi et d'espérer que je reste finalement le mardi, alors je leur dit : si vous voulez je vous donne tous mes samedis. Elles m'ont dit, non non, c'est bon on va s'arranger. Trois jours après, elles m'ont rappelé en me disant : [Alice], est-ce que vous acceptez de nous donner vos samedis ? Et j'ai dit, d'accord, et elles disent, bon on ne prend que les samedis de septembre. D'accord. Finalement, bon on va prendre ceux d'octobre, ah mais finalement on va prendre ceux de novembre aussi, et puis en fait, à chaque fois, c'est ça mon seul regret, c'est toujours de le savoir au dernier moment, mais finalement elles appellent quand même. Donc, il n'y a pas une régularité, mais il y a une récurrence.

Cette élasticité du temps s'inscrit dans une situation matérielle précaire. Si l'entreprise donne un sentiment de réalisation de soi à cette secrétaire indépendante formée sur le tas, une situation de fin de droits au chômage, l'insuffisance des revenus de son mari, commercial salarié dans le secteur de la distribution professionnelle, pour l'obtention de nouveaux crédits, ainsi que la difficulté à se dégager du temps pour une formation qui lui serait nécessaire, lui font « un peu peur » :

> Et puis d'être bloquée dans ma vie professionnelle pour des projets ; là on a eu des problèmes de voiture, on a voulu prendre une voiture en leasing, moi je ne peux pas parce que je suis au chômage, que le salaire de mon mari n'est pas suffisant, qu'on a un crédit maison comme tout le monde (…) et là, si jamais j'ai des projets, alors on m'a dit pas avant 2024, (…) 2019, l'année de la création, ça ne compte pas, 2020 il y a le covid donc on ne va pas la

> compter, donc il faut que je sois au max en 2021, 2022, 2023 pour avoir le droit d'avoir des projets en 2024.

Marie occupe une position inverse. Cette ancienne notaire est plus âgée et dispose à la fois d'un haut niveau de diplôme (bac+8) et d'une forte ancienneté dans la profession et l'entrepreneuriat, ayant exercé près de dix ans comme clerc, puis plus de vingt ans en tant que notaire créatrice d'office, enfin prestataire depuis près de cinq ans. Elle dispose ainsi d'une parfaite connaissance de sa clientèle (essentiellement constituée de notaires créateurs), d'un réseau social consistant et d'un apport financier solide résultant de la vente de son office. Elle maîtrise davantage le cadre d'exécution de son travail, assume une position d'accompagnatrice de ses clients (pour la plupart moins expérimentés qu'elle en tant que primo-créateurs) et dispose de ressources suffisantes pour défendre un rapport autonome au temps et imposer des limites aux exigences du marché. Elle indique par exemple choisir ses clients, ne pas hésiter à leur conseiller de recruter lorsque leur affaire se développe et fait état d'une situation plus confortable que dans sa précédente vie de notaire :

> Je suis beaucoup plus détendue. (Rires.) Ma famille s'en réjouit aussi. (…) Vraiment je ne regrette pas et même en termes financiers non plus d'ailleurs. Au final, en fin d'année, j'ai le même bénéfice maintenant qu'avant quand j'étais notaire. Et je peux vous dire qu'en termes d'heures de travail, ça n'a rien à voir !

Ce rapport au temps et la capacité à dire non, distribués de manière inégalitaire, se double d'un rapport à l'espace et aux enjeux d'un « chez soi » de travail (Letourneux, 2020) contrastés en fonction, notamment, des ressources et des statuts d'emploi.

III. SE CONSTRUIRE UN CHEZ-SOI DE TRAVAIL

Les formes de débordement soulèvent la question de l'articulation genrée et inégalitaire des temps chez les travailleurs du notariat dont le choix de certains statuts (indépendance, intérim) et modalités de travail (télétravail) rend compte d'une volonté de mise à distance de l'office, de s'aménager un espace à domicile et d'articuler différents temps, de travail, domestique et de loisir. Cet écart peut être plus radical et passer par une sortie de ce secteur.

III.1. METTRE À DISTANCE, TANTÔT LE DOMICILE, TANTÔT L'OFFICE

Les échanges attestent d'une volonté de mise à distance de l'office par les salariés ; « une fois qu'on est sortis, on est sortis » souligne Hannah, clerc en début de carrière. Le télétravail partiel est à cet égard perçu comme facilitant une telle distanciation, avec la volonté d'être plus productif, de se sentir plus efficace en se soustrayant aux multiples sources de dispersion liées à l'office et en réalisant un travail à domicile sans interruption et sans la fatigue des transports. Aude, notaire stagiaire, explique ainsi :

> J'ai fait du télétravail cinq fois au cours de ces dernières semaines avec la grève. Je trouve ça vraiment très pratique dans le sens où c'est une journée où je n'ai pas la fatigue de mon transport pour me rendre au travail et le soir pour repartir. (…) En plus, il n'y a pas d'appels en fait, on n'est pas dérangé. Je peux travailler en fait *non-stop.* Je m'arrête quand même le midi, mais on n'est pas dérangé. Je trouve que je suis plus efficace pour certaines choses. Forcément, dès qu'il s'agit de courriers à renvoyer, je suis bloquée, je n'ai pas d'imprimante chez moi. (…) Il faut que je retourne à l'étude pour faire mes courriers et les envoyer. Mais pour tout ce qui est souvent nécessaire dans la constitution de dossier, tout ce qui est recherche, tout ce qui est calcul, je peux le faire au calme et aussi bien. Donc de temps en temps… Je pense que ce n'est pas possible d'être en télétravail toute la semaine, mais de temps en temps, un jour ou deux jours par semaine, je pense que c'est encore possible et ça ne fait pas ralentir les autres tâches (…) Ça permet de travailler différemment, plus calmement. En tout cas, moi, je suis plus efficace.

Le télétravail peut certes inciter à des plages de travail plus longues, mais avec plus de souplesse ; l'un des enjeux reconnus par les employeurs est la conciliation avec le temps familial de leurs salariées[26]. Carine, clerc de notaire polyvalente senior en télétravail à 100 % en raison de l'éloignement géographique – elle habite à une heure de route de l'office

26 Le télétravail, présenté comme favorable à cette articulation (AL, 2020), est accordé prioritairement aux mères de famille, par exemple à l'issue d'un congé maternité, et l'absence de charge familiale opposée aux célibataires : « vous êtes célibataire, sans enfant, vous n'avez pas besoin de télétravail » souligne par exemple une comptable taxatrice, argument relevé par plusieurs collaboratrices s'étant vu refusé cet aménagement.

qui l'emploie –, insiste sur cet avantage, quand bien même cela l'amène à travailler plus :

> C. : Moi, je vois que depuis que je suis en télétravail, je travaille plus ; je commence plus tôt, je finis plus tard et les pauses sont plus réduites, (…) parce que les horaires de bureau classiques que toutes les collègues font c'est 9h-midi, 14h-18h. Moi, je sais que je suis toujours connectée avant 9h et que bien après 18h et que la pause du midi est écourtée et que si je prends une demi-heure le midi, c'est le maximum quoi ! (…) Mais après, c'est convenu avec eux, je m'organise comme je veux, c'est-à-dire que si je fais plus d'heures, c'est mon problème ; c'est à moi de me restreindre et de me contenir ! Par contre, si j'ai besoin d'aller à un rendez-vous dentiste ou pour mes enfants en pleine journée, je vais prendre l'heure pour y aller et ce ne sera pas un problème quoi ! C'est donnant donnant. (…) Ils savent que le boulot est fait. (…) C'est ce côté-là aussi que j'aime bien (…) Moi, j'ai deux enfants ; c'est vrai que quand il y a des rendez-vous ophtalmo, c'est compliqué à prendre des fois et des fois c'est en plein milieu de la journée et qu'on n'a pas le choix ; je prends, je m'adapte et j'ai… et pour des raisons personnelles aussi, parce que j'ai un mari qui n'est pas souvent là, qui est très souvent en déplacement, donc… être à la maison avec les enfants et pour les enfants quand ils ont besoin, c'est quand même pratique ! (…) Parce qu'avant je rentrais à 19h30 (…) Ils rentraient tout seuls du collège, il fallait qu'ils se débrouillent ; là, quand ils rentrent du collège, je suis à la maison. Ils se débrouillent aussi, si vous voulez, mais ce n'est quand même pas pareil ; ils sont quand même plus sereins de savoir que je suis là, même si je suis dans mon bureau et qu'ils savent que quand la porte du bureau est fermée, ils n'ont pas le droit de venir me déranger mais… voilà, après c'est toute une organisation familiale à mettre en place aussi.
> E. : Et du coup… c'est plus confortable pour vous en termes d'articulation avec votre vie familiale, au fond ?
> C. : Exactement. Tout le monde est beaucoup plus serein. Ah oui…

Cette souplesse est avancée par des indépendantes, Alice indique par exemple :

> Donc, quand je commence à 7h30 sur la route, j'ai moins de monde, je peux gagner entre vingt et trente minutes de trajet aller, donc en commençant tôt et en rentrant un petit peu plus tôt que les heures de bureau, voilà, je gagne du temps sur la route. Cela me permet de faire plus d'heures aussi, que commencer à 9h, de pouvoir travailler plus, de rentrer à une heure entre guillemets normale chez moi, j'arrive chez moi il est 17h15, cela me permet d'être encore là pour les enfants, les emmener dans un contexte normal au sport, de leur faire faire les devoirs, j'ai l'impression en fait d'avoir deux journées dans ma journée, ma journée au boulot et d'avoir encore du temps pour ma famille.

S'il renforce l'autonomie d'organisation des salariés, le télétravail modifie leurs pratiques et leur manière de se définir comme professionnels ; la distance transforme le lien hiérarchique avec le manager ou l'employeur, le lien de subordination supposant un contrôle du travail en train de se faire. Ce sentiment de fragilisation de la relation avec l'employeur est parfois exprimé, tant par ce dernier que par des salariés (Delmas, 2021a, 2021b).

Les prestataires indépendantes rencontrées expriment toutefois plus fortement le souci de différencier le lieu de travail du domicile soit en exerçant dans les locaux des clients, soit en envisageant louer des locaux pour l'exercice professionnel. Alice indique ainsi :

> Je pense que la mise en condition pour moi est plus difficile quand je suis chez moi. Je pense que je n'arrive pas à me mettre dans le même état d'esprit et j'arrive à me laisser plus facilement parasiter par… quand je travaille, en dehors, je sais que je vais être à 200 % efficace, quand je travaille chez moi, je ne vais pas l'être. Je le ferais mon travail, ce n'est pas la question, et après, je le ferais autrement. (…) je vais me rattraper le soir, ou je vais me rattraper le matin quand les enfants dorment, où je suis en train de faire ma transcription, j'ai un enfant, maman est-ce que je peux te raconter… alors qu'il sait très bien que je suis en train de travailler. Donc, c'est un confort oui, mais je me sens moins rigoureuse.

Ce type de réaction révèle le rapport contrasté à l'espace de travail en fonction du statut, mais également des conditions d'existence (âge des enfants, rôle du conjoint, taille du domicile, pièce de travail à soi…) avec la nécessité de se conformer au modèle idéal-typique du salariat mais également l'enjeu, pesant particulièrement sur des femmes accomplissant les deux tiers des tâches domestiques (Brousse, 2015), consistant à parvenir à définir les rôles au sein de l'espace domestique pour limiter l'incursion du hors travail vers le travail mais aussi tout autant de veiller à réduire l'intégration des logiques professionnelles dans l'espace privé (Letourneux, 2020). Les individus se retrouvent à réaliser des arbitrages entre des logiques contradictoires, la plupart en situation. Ces arbitrages sont particulièrement complexes pour Alice, qui occupe une place très instable sur le marché, par les aléas de la production, mais aussi des contraintes domestiques (jeunes enfants, prise en charge des tâches familiales…) influençant fortement son rapport au temps, avec des temps travaillés et non travaillés qui ne sont pas toujours clairement délimités. À cet égard, sa situation est exemplaire de la répartition stéréotypée des rôles, les femmes étant plus souvent interrompues dans leur travail et davantage confrontées au double sentiment de culpabilité de ne pas assez s'occuper des enfants et de bâcler leur travail professionnel. Le choix de l'indépendance ou du télétravail est souvent motivé par la souplesse horaire liée aux contingences familiales telle l'absence fréquente du conjoint et la volonté d'être présente pour ses deux fils, évoquées par Carine.

Encore faut-il bénéficier d'un espace « à soi » permettant de différencier les temps, ce qui soulève la question des conditions inégalitaires de travail à domicile…

III.2. S'AMÉNAGER UN ESPACE DE TRAVAIL

Paradoxalement, le domicile peut être perçu comme plus propice au travail que l'office, bruyant et marqué par de multiples sources d'interruption et de déconcentration. Rares sont les salariés disposant à l'office d'un lieu à soi ; y dominent *open space* et bureaux partagés. Outre les enjeux en termes d'économie de temps de déplacement et d'horaires, une clerc indique ainsi l'importance d'un bureau individuel dont elle n'a jamais disposé en office :

> Moins de stress, aussi, moins d'effervescence parce que j'ai souvent été dans des bureaux en *open space*, donc, c'est vrai que moi, j'ai quand même la chance d'avoir mon propre bureau à la maison, donc ce qui fait que je suis vraiment tranquille, je n'ai pas forcément à subir les humeurs des uns et des autres… À également avoir le bruit ambiant de ceux qui téléphonent à côté, de ceux qui courent un peu partout, donc ça c'est bien aussi. (…) je n'ai jamais vraiment eu de bureau.

Les situations s'avèrent toutefois très variables et inégalitaires, tant en termes d'équipement que d'habitat et de situation familiale. Le logement, dont la plupart des couples sont propriétaires, constitue une ressource à part entière dans la mise à son compte et joue un rôle déterminant dans l'économie domestique réorganisée à la suite du passage dans l'indépendance (Lambert, 2016) mais en tenant compte des injonctions contradictoires pesant sur les femmes : amenées à tenter cette aventure sans faire courir de risque à la famille, elles peuvent se percevoir en « dette » à l'égard de leur foyer sans que leur activité n'en constitue une cause commune (Landour, 2016). L'habitat joue également un rôle central dans le travail à domicile des salariés justifié, aux yeux des employeurs, par des enjeux familiaux (garde de jeunes enfants, présence au domicile…). Pour sa part, le basculement vers l'auto-entrepreneuriat peut être lié à un tournant biographique ; par exemple, à l'instar des Mompreneurs étudiées par Julie Landour (2016), les collaboratrices peuvent créer une activité indépendante à l'arrivée d'un enfant, ces femmes quittant un poste salarié qui ne les satisfait plus pour mieux articuler vie professionnelle et familiale. Si les leviers et motivations de l'entrepreneuriat féminin dans le secteur notarial restent à investiguer, les femmes rencontrées ont rarement fait état d'un soutien du conjoint et plusieurs profils peuvent être distingués, parmi lesquels d'assez nombreux cas de femmes déçues du salariat qui semblent trouver à travers l'indépendance une voie d'engagement renouvelé dans le travail.

Cette réorientation vers le travail indépendant traduit également une forte demande d'autonomie susceptible d'expliquer aussi l'appétence pour le travail à domicile. Ce dernier est toutefois associé à des émotions contradictoires (Collet *et al.*, 2021) et vécu tantôt comme source de confort, tantôt comme synonyme d'isolement. D'autant qu'il s'apparente parfois à une forme de travail indépendant, en cas d'absence de collectif (dans le cadre du télétravail à 100 %), de temps clairement défini (source de souplesse mais également de confusion) et de prise en charge matérielle par l'employeur[27]. Le brouillage entre salariat et indépendance se joue ainsi sur le plan spatial, *via* une externalisation du processus de travail et/ou d'une sortie du cadre salarié, pour gagner en flexibilité (travail à la tâche et sur missions).

Les espaces de travail salariés et indépendants se brouillent en l'occurrence, les indépendant n'exercent pas forcément en télétravail et peuvent, pour diverses raisons[28], travailler ponctuellement ou régulièrement dans l'office des clients, tandis que certains salariés de l'office et intérimaires aspirent voire peuvent de plus en plus, désormais, travailler à domicile.

27 Cette défaillance est souvent justifiée par l'exceptionnalité du contexte de confinement ou encore par la préexistence d'un matériel informatique personnel.

28 Outre les motifs précités, le travail en office ou dans des espaces spécifiquement dédiés aux activités professionnelles (avec le projet, pour une indépendante rencontrée, de recruter une salariée) peut également avoir pour enjeu de lutter contre l'isolement au travail, aider à marquer la frontière entre vie professionnelle et vie personnelle, garantir des lieux de travail adaptés…

Les femmes interrogées mettent en avant le fait de pouvoir prendre en charge leurs tâches parentales tout en continuant de travailler. Ces « femmes actives au foyer » (Landour, 2016) trouvent dans ce mode d'organisation un espace de liberté dont elles s'estiment privées dans un cadre salarié par ailleurs parfois perçu comme pathogène, ce qui peut susciter non seulement une appétence pour le travail à domicile, l'intérim ou l'indépendance, mais également une sortie du notariat.

III.3. SORTIR DU NOTARIAT

La volonté de travailler autrement et dans de meilleures conditions peut passer par le choix du télétravail mais aussi de statuts (intérim, indépendance, poly-employeurs…) perçus comme sources de davantage d'autonomie et plus avantageux, sur les plans matériel et symbolique (reconnaissance). Ces modalités alternatives de travail et d'emploi ne sont toutefois pas toujours envisageables (poste non télétravaillable, conditions de vie peu favorables…). Par ailleurs, et quand elles le sont, elles peuvent constituer une solution d'attente, voire une voie de sortie progressive du notariat : indépendant exerçant pour plusieurs professionnels et secteurs, et/ou qui diversifie ses activités, intérim perçu comme une solution d'attente avec la perspective d'une sortie du notariat…

Finalement, la mise à distance du travail peut s'avérer plus radicale que l'aménagement des conditions de travail ou un changement de statut ; plusieurs travailleurs ont évoqué la possibilité d'une sortie du secteur, d'autant plus favorablement envisagée que la situation tendue d'emploi rend possible un retour éventuel… L'importance du *turnover* affectant aujourd'hui les offices, les situations de désorganisation du travail qui en résultent, semblent avoir intensifié des situations de mal-être anciennes dans ce secteur d'emploi.

Les professions juridiques et, en particulier le notariat, font partie des « professions à risque » en matière de *burn out*. De nombreux témoignages rendent compte de situations d'épuisement professionnel (Delmas, 2019) souvent décrites par les médias présentant la profession de clerc comme figurant parmi les plus exposées. Cet épuisement, le sentiment de pression permanente, d'intensification et d'un fort investissement professionnel insuffisamment reconnu, mais aussi certaines formes, peut-être, de misère de position, se résolvent aujourd'hui par la demande de télétravail, une plus forte mobilité de salariés dans un contexte favorable et/ou le choix de l'indépendance. La perspective de sortie du notariat, totale ou partielle, constitue une autre possibilité souvent mentionnée par les salariés rencontrés, tandis que de nombreuses reconversions professionnelles ont été constatées dans la banque, la gestion de patrimoine et les professions du droit (huissiers, avocats) où les compétences notariales sont particulièrement valorisables. Inversement, la profession attire aujourd'hui davantage de salariés issus d'autres secteurs, dans un contexte de fort recrutement. On peut s'interroger sur les effets de cette extériorité initiale en termes identitaire et de mobilité. S'est ajoutée la crise du Covid-19 ayant contribué à la déstabilisation des collectifs de travail. Si les aspirations à changer de métier, souvent abordées, sont anciennes, on peut s'interroger sur leur accélération à l'instar des démissions affectant d'autres secteurs, parfois massives sans aller jusqu'au phénomène nord-américain de « grande démission » (*great resignation*) de millions de travailleurs qui, insatisfaits de leur travail et/ou de leur salaire, ont quitté leur emploi depuis juillet 2020. Le marché du travail notarial est aujourd'hui fragilisé, non pas en termes de nombre de postes, excédentaires, mais sur le plan de l'organisation des études et du travail. Comme dans d'autres secteurs, le cadre dans lequel se déroulent les activités de ses salariés a été profondément bouleversé par la crise sanitaire du Covid-19 qui a affecté les sphères domestiques, professionnelles et du loisir, permis d'expérimenter le télétravail et renforcé certaines aspirations à un meilleur équilibre entre la vie professionnelle et la vie personnelle.

CONCLUSION

Les modalités de travail notarial se sont diversifiées. En particulier, la pandémie a facilité la percée du télétravail, également favorisé par la dématérialisation des actes, l'accroissement du nombre d'offices et leur réorganisation dans un contexte de réforme du secteur. En résulte une porosité entre les espaces et les temps de travail, familial et de loisir. La pluralisation des statuts d'emploi, avec la remise en cause de formes traditionnelles du salariat et l'essor de l'auto-entrepreneuriat, a également contribué à perméabiliser les temps et espaces sociaux des travailleurs d'un notariat concerné par un brouillage des frontières entre salariat et indépendance analysé depuis plus de vingt ans (Dupuy et Larré, 1998) pour d'autres secteurs. Cet auto-emploi permet ici moins aux travailleurs de faire face à une crise de l'emploi, que de se recentrer sur leur cœur de métier et mettre à distance le collectif de travail, que ce soit au sens propre, en travaillant physiquement à distance, ou au sens plus figuré, en affirmant leur autonomie. Le travail à distance et l'exercice indépendant permettent également une plus grande souplesse en termes d'articulation des temps de travail et familial pour des personnes qui sont très majoritairement des femmes. L'entrepreneuriat, parfois cumulé avec un exercice salarié en télétravail, peut également être perçu comme l'occasion d'accroître ses revenus et de faire fructifier ses talents. Cette forme d'exercice se caractérise toutefois par d'importantes disparités, en fonction notamment des métiers, de l'ancienneté, du niveau de qualification et de la situation personnelle, sachant qu'une majorité d'auto-entrepreneurs n'ont, à terme, pas d'autre activité et que certaines générations de très petits indépendants n'ont pas forcément les caractéristiques ni les ressources nécessaires ; très peu étaient indépendants avant de se mettre à leur compte et une majorité n'a pas créé d'entreprise auparavant. Un démarrage parfois sans capital initial, sans transmission familiale, les distingue des notaires qui se reconvertissent dans un autre métier (Delmas, 2019) et des indépendants plus traditionnels (Colombier et Masclet, 2007). Le passage à l'indépendance trouve par ailleurs ses conditions de possibilité dans une division sexuée du travail et un moteur dans la valorisation de l'autonomie et de l'activité (Abdelnour, 2016), fut-ce au prix d'un risque de précarité…

RÉFÉRENCES BIBLIOGRAPHIQUES

Abdelnour S., 2016, « Quand l'auto-entrepreneuriat se substitue au salariat. Le prix et la valeur de l'indépendance », *Socio-économie du travail*, n° 1, p. 29-60.

Abdelnour S., 2017, *Moi, petite entreprise*, PUF.

AL (Assemblée de liaison des notaires de France), 2021, *L'entreprise notariale face à l'urgence*, 71e session, *Rapport*.

Barrois A., Devetter F.-X., 2017, « Femmes salariées et non salariées : quelles différences de temps de travail ? », *Travail et Emploi*, vol. 2 (avril-juin), n° 150, « Genre et Travail indépendant », p. 101-130.

Benedetto Meyer M., Boboc A., 2021, *Sociologie du numérique au travail*, Paris, A. Colin.

Bernard S., Dressen M. (coord.), 2014, « Indépendance et salariat. Porosité des statuts », *La Nouvelle Revue du Travail*, n° 5 [en ligne].

Bouffartigue P., 2012, *Temps de travail et temps de vie. Les nouveaux visages de la disponibilité temporelle*, Presses universitaires de France, Paris.

Bourdieu P., 1993, *La misère du monde*, Paris, Seuil.

Brousse C., 2015, « Travail professionnel, tâches domestiques, temps "libre" : quelques déterminants sociaux de la vie quotidienne », *Économie et Statistique*, vol. 478, n° 1, p. 119-154.

Cléach O., Metzger J.-L., 2004, « Le télétravail des cadres : entre suractivité et apprentissage de nouvelles temporalités », *Sociologie du Travail*, vol. 46, n° 4, p. 433-450.

Collet A., Giraud C., Steinmetz H., 2021, « Faut-il télétravailler pour être heureux ? », in Mariot N., Mercklé P., Perdoncin Anton, *Personne ne bouge. Une enquête sur le confinement du printemps 2020*, Grenoble, UGA, 2021, p. 47-55.

Colombier N., Masclet D., 2007, « L'importance de l'environnement familial comme déterminant du travail indépendant », *Économie et statistiques*, vol. 405-406, p. 99-118.

CRPCEN [Caisse de retraite et de prévoyance des clercs et des employés de notaires], 2022, *Recueil statistique 2021*.

CSN [Conseil supérieur du notariat], 2019, *Guide pratique de la mutualisation et de la sous-traitance*, oct.

DARES (2022), *Données : Le temps partiel*, https://dares.travail-emploi.gouv.fr/donnees/le-temps-partiel [consulté le 14 décembre 2022].

Datchary C., 2011, *La dispersion au travail*, Toulouse, Octarès.

Delmas C., 2019, *Les notaires en France. Des officiers de l'authentique entre héritage et modernité*, Rennes, PUR.

Delmas C., 2021a, « Le télétravail notarial : un engagement contraint ? », *Sociologies pratiques*, vol. 2, n° 43, p. 41-50.

Delmas C., 2021b, « Le télétravail notarial, une aspiration déçue », *Chroniques du travail*, n° 11, p. 173-186.

Dupuy Y., Larré F., 1998, « Entre salariat et travail indépendant : les formes hybrides de mobilisation du travail », *Travail et Emploi*, n° 77, p. 1-14.

Faure-Guichard C., 2000, *L'emploi intérimaire. Trajectoires et identités*, Rennes, PUR.

Flichy P., 2017, *Les nouvelles frontières du travail à l'ère numérique*, Paris, Seuil.

Gadea C., Grelon A., 2009, « Est-ce ainsi que les professions meurent ? », *in* Demazière D., Gadea C. (dir.), *Sociologie des groupes professionnels. Acquis récents et nouveaux défis*, Paris, La Découverte, chapitre 9, p. 118-128.

Gardey D., 2001, *La dactylographe et l'expéditionnaire. Histoire des employés de bureau 1890-1930*, Paris, Belin.

Gollac S., 2003, « "Ce n'est pas mon métier", "J'en fais mon affaire". Face à l'informatisation du travail, des professions, des catégories sociales ou des individus ? », *in* Menger P.-M. (dir.), *Les professions et leur sociologie. Modèles théoriques, catégorisations, évolutions*, Paris, Éditions de la MSH, chapitre 11, p. 185-198.

Goussard L., Tiffon G., 2016, « Quand le travail déborde… La pénibilité du surtravail à domicile des chercheurs de l'industrie énergétique », *Travail et emploi*, 3, n° 147, p. 27-52.

Hallépée S., Mauroux A., 2019, « Quels sont les salariés concernés par le télétravail ? », *Dares Analyses*, n° 51, p. 1-11.

Lambert A., Cayouette-Remblière J., Guéraut E., Le Roux G., Bonvalet C., Girard V., Langlois L., 2020, « Le travail et ses aménagements : ce que la pandémie de covid-19 a changé pour les Français », *Population et Sociétés*, 7, n° 579, p. 1-4.

Lambert A., 2016, « Échapper à l'enfermement domestique. Travail des femmes et luttes de classement en lotissement pavillonnaire », *Actes de la Recherche en Sciences Sociales*, n° 215, p. 56-71.

Landour J., 2016, « Un auto-emploi pensé pour et par la famille ? Les Monpreneurs et le régime de l'auto-entrepreneur », *Socio-économie du travail*, n° 1, p. 95-124.

Letourneux F., 2020, « Travailler à distance : s'inventer un chez-soi de travail », *Sociologie du travail*, vol. 62, n° 4, p. 1-22.

Notariat 2000, 2006, « L'intérim dans le notariat » (https://www.notariat2000.com/archives/linterim-dans-le-notariat, consulté le 14/12/2022).

Pinto J., 1990, « La secrétaire et son patron », *Actes de la recherche en sciences sociales*, n° 84, p. 32-48.

Rosa H., 2010 [2005], *Accélération. Une critique sociale du temps*, Paris, Découverte.

U2P [Union des entreprises de proximité vivant], 2019, *Les entreprises de proximité au féminin. Artisanat-Commerce-Professions libérales*, Institut supérieur des Métiers, mars.

Village des notaires, 2017, « Vers un notarial convivial », 11 décembre 2017, https://www.village-notaires-patrimoine.com/Vers-un-notariat-convivial [consulté le 14 décembre 2022].

COMPTES RENDUS DE LECTURE

Troubles dans le travail. Sociologie d'une catégorie de pensée, Marie-Anne Dujarier, PUF, 2021, 444 p.

Benjamin SACCOMANNO
CERTOP, Centre associé CEREQ
Université Toulouse Jean Jaurès

Poursuivant une réflexion de fond entamée dès ses premiers travaux, Marie-Anne Dujarier rassemble ici une somme conséquente de connaissances afin de traiter frontalement la question « Qu'est-ce que le travail ? ». Les « troubles » du titre servent de justification et de porte d'entrée à cette question. Ces troubles renvoient en effet au caractère « polymorphe » et « ubiquitaire » des usages du terme « travail », un flou qui n'est pas sans conséquence sur l'organisation, comme sur l'expérience quotidienne des travailleurs. Pour remettre de la distance scientifique – et reprendre la main sur le terme – l'auteure entreprend de discuter les équivoques issues de cette polysémie en retraçant la généalogie des usages, ainsi que les effets (sociaux, politiques, économiques…) de leur circulation parmi les personnes et les institutions. Elle s'appuie pour cela sur plusieurs de ses enquêtes, ainsi que sur un travail de fourmi visant à n'oublier, ni apport théorique, ni définition institutionnelle ou variation du sens du mot « travail » dans un dictionnaire.

Le livre se présente en deux parties, précédées d'une introduction qui explicite le sous-titre : il s'agit de traiter le terme « travail » en partant de la construction sociale de sa signification, laquelle exprime l'état de la société ou du groupe au sein duquel cette signification est légitime. Plutôt que de poursuivre une introuvable définition universelle du « travail », qui ne pourrait être que partielle ou trop abstraite, la sociologue propose de suivre l'hypothèse selon laquelle « le travail n'existe pas (…) en tant que chose, essence ou sujet » pour se tourner vers la compréhension de son « signifiant en tant que construction sociale contingente, c'est-à-dire comme catégorie de la pensée et de la pratique » (p. 23-24). Forgé par Mauss et Durkheim, le concept de catégorie de l'esprit humain est mobilisé et actualisé pour mettre de l'ordre dans nos compréhensions des façons dont le « travail » s'impose à nous et équipe nos manières de penser, sentir et agir. Le cadre d'analyse proposé par l'auteure traite des usages institutionnels, sociaux et scientifiques qui produisent, à propos du travail, des « fictions qui existent » comme le formulait Bourdieu[1] à propos de la famille. Dans ce cadre, elle se donne pour objectif de « dénaturaliser » le terme afin d'interroger la contribution de ces usages à « un régime de pouvoir » usant d'assignations de sens comme de relais de normes instituées dans des luttes de pouvoir, suivant en cela la démarche de Judith Butler (p. 23-24).

La première partie, « Généalogie de la catégorie de pensée "Travail" » décrit en huit chapitres les évolutions historiques des significations du travail dans les sphères religieuse, philosophique, technique… Dans ce long parcours, on relève que les différentes formes du capitalisme et leurs effets sur le rapport au travail nécessitent quatre chapitres. D'une part, le lecteur peut y observer la stabilisation comme catégorie de pensée ordinaire des trois significations suivantes à propos du travail : une « activité concrète », un « ouvrage produit », un « emploi rémunéré ». Ces trois significations se déclinent ensuite en de multiples locutions forgées à travers le temps et les situations (travail domestique, travail prescrit, travail animal…). D'autre part, le lecteur peut mesurer l'extension des pratiques déterminées par le capitalisme sous ses formes successives : si le travail est un fait social total[2], sa centralité dans nos existences s'exprime dans les subjectivités comme dans des gestes quotidiens d'apparence improductive. De régulières illustrations parsèment cette première partie, afin de mettre au jour l'enchevêtrement constant des significations du travail. L'auteure met l'accent sur des zones de flou parfois habilement exploitées par les organisations, notamment dans le chapitre 7 où elle montre que le capitalisme néolibéral s'appuie sur une fiction de bonheur au travail en même temps qu'il fragilise le salariat.

À la fin de ce chapitre, Marie-Anne Dujarier se rapproche d'un ensemble pluridisciplinaire de recherches ayant pour point de départ l'analyse empirique du « travail réel », qui prend au sérieux la distance vécue par les sujets avec les diverses prescriptions agissantes sur ce qu'ils font concrètement au travail. Cette entrée par « ce que c'est que

1 Bourdieu P., 1993, « À propos de la famille comme catégorie réalisée », *Actes de la recherche en sciences sociales*, vol. 100, p. 32-36.

2 Lallement M., 2007, *Le travail. Une sociologie contemporaine*. Paris, Gallimard.

faire » récuse la conception du « travail » des économistes orthodoxes (p. 177-178) qui, en le réduisant à un facteur de production défini par un coût et une productivité, produisent une « fiction monstrueuse[3] » dans laquelle les travailleurs ne sont rien de plus qu'une ressource pour réaliser ce travail. Le débat sur l'activité amène à considérer que le travail est aussi un acte qui produit du sens et des réalités pour les individus, sur les plans matériels, symboliques ou encore de leur santé. Le chapitre 8 synthétise les enseignements d'un parcours de 10 siècles d'une catégorie de pensée problématique, en raison des variations et tensions entre ses usages. Les enjeux de l'emploi donnent par exemple lieu à différentes lectures, ne laissant que peu d'espaces à d'autres significations que celle de l'accès aux ressources et aux solidarités. C'est aussi le cas pour la question de l'utilité, rappelée ici comme concept relationnel et historique, dont la signification et la portée varient selon les personnes et les contextes, et non pas selon une caractéristique intrinsèque ou naturelle d'une activité.

La seconde partie, « Troubles dans le travail », explore en sept nouveaux chapitres de nombreuses tensions sur les significations et les valeurs contemporaines du « travail ». L'auteure inscrit les terrains d'enquête mobilisés dans le « capitalocène » (chapitre 1), cette nouvelle ère géologique engendrée par les régimes de production et de consommation à l'échelle mondiale (p. 215). Chaque chapitre donne à voir « comment les pratiques actuelles, en régime capitaliste néolibéral, avec ses technologies numériques et biologiques, dans un contexte d'incertitude écologique, mettent à l'épreuve la catégorie de pensée travail héritée du fordisme » (p. 27). Ces chapitres sont construits autour de terrains et de questions contemporaines impliquant le « travail » et analysés du point de vue des tiraillements normatifs engendrés par la polysémie du terme et des assignations sociales qui en découlent. Derrière ces usages stratégiques et les rapports de domination produits, Marie-Anne Dujarier montre comment « nos institutions reconnaissent ainsi comme "travail" des pratiques inutiles, voire nocives, et excluent de cette qualification des tâches utiles, profitables et vitales, redoublant alors le trouble jeté sur la catégorie de pensée » (p. 224). La « normativité sociale dominante (…) d'une action dénuée d'objet et de pensée » (p. 223) donne matière

3 Bourdieu P., 2017, *Anthropologie économique. Cours au Collège de France 1992-1993*, Paris, Seuil.

à interroger les sens en circulation à propos du travail, mais aussi de l'activité concrète en écho aux analyses du travail réel.

L'auteure emprunte plusieurs fois l'image de plaques tectoniques à la dérive, pour signifier comment les trois significations historiques – activité, production, emploi – révèlent des enjeux et des pratiques dont les contradictions troublent la catégorie de pensée « travail ». Le chapitre 2 traite des pratiques utiles et vitales, hors emploi. Dans cette zone exclue d'une reconnaissance institutionnelle, le « travail » est pourtant tourné vers une subsistance quotidienne de soi et de l'entourage. Les activités relevant du *care* représentent le trouble d'un « travail » qui, malgré sa nécessité souvent vitale, reste à l'extérieur de l'emploi sans donner lieu à des droits ou à une rémunération. Le spectre des pratiques concernées est large, l'auteure l'illustre notamment par l'activité concrète de subsistance des sans-abris (p. 238-240) et élargit même la focale au « travail » en œuvre pour « faire des enfants, prendre soin des autres et de la planète » (p. 257). L'emploi implique une rémunération, elle-même fonction de la valeur dégagée du travail concret. Non reconnues comme telles, les activités analysées dans ce chapitre n'en produisent pas moins de la valeur, du point de vue de la subsistance individuelle et collective du moins. Le chapitre 3 renverse le problème pour traiter de revenus obtenus sans travail concret : « le capital, la redistribution sociale et les "arrêts de travail" sont rémunérateurs » (p. 259). Ces trois entrées permettent de remettre en question empiriquement « la signification du travail comme activité productive utile rémunérée » (p. 268). Avec le revenu du capital, en effet, « la rente dissocie le revenu de l'activité » (p. 262). Les politiques de redistribution permettent l'accès à un « revenu différé », suggérant à l'auteure que l'hypothèse d'un revenu inconditionnel, c'est-à-dire « [dissocié] d'une obligation d'activité, de production et de rapport à l'emploi », renforcerait le « divorce entre activité et revenus » (p. 263). « Être payé à ne rien faire » recouvre enfin de multiples situations où emploi et activité apparaissent déliés : arrêts de travail, activités clandestines, placardisation ou emplois fictifs (p. 263-267). L'auteure clôt ce chapitre en mettant en lumière comment « l'hyperprésentéisme » requis par certains emplois permet, « au nom du travail et de sa valeur, d'esquiver des tâches quotidiennes, utiles et même vitales (…) dans le cercle familial, amical ou de voisinage » (p. 268).

Les chapitres suivants continuent de révéler de telles déconnexions entre les significations historiques du travail. Le chapitre 4 s'appuie sur différentes tensions autour du temps de travail et de sa comptabilisation comme temps productif : heures supplémentaires non payées, temps de transport imposé par le travail ou utilisé pour travailler, tâches invisibilisées par les outils de gestion… Dans ce chapitre est notamment mise en cause l'étroitesse du périmètre reconnu par les employeurs et les gestionnaires pour déterminer si la tâche donne lieu à rémunération : « l'activité déployée pour produire déborde le périmètre de la tâche employée et rémunérée, dans des proportions telles, parfois, qu'entre ceux qui agissent et ceux qui les emploient, il n'est plus possible de s'entendre sur le sens du mot "travail" ». L'auteure ajoute que « pour être maintenu en emploi, comme pour y accéder, il est prescrit de ne rien dire de ce hiatus », lequel s'avère révélateur de « l'état du rapport de force sur le marché de l'emploi » (p. 282-283). Le chapitre 5 poursuit dans cette voie en proposant de « faire face à l'hypocrisie de la norme salariale » (p. 285). Dans un contexte de chômage de masse, la norme salariale contribue à troubler la catégorie de pensée « travail ». En effet, « puisque la norme sociale actuelle est de se faire employer pour pouvoir subvenir à ses besoins » (p. 286), l'enjeu de l'accès comme du maintien en emploi justifie des injonctions à gouverner son existence, professionnelle comme privée, sur le mode de la mise en marché de soi. Se former seul ou accompagné, travailler ses réseaux, affronter les refus quotidiens d'emploi, etc., sont autant de situations étudiées pour mettre en lumière les activités contraintes par cette norme, aussi bien celles que s'impose le chômeur en fin de droits, que celles acceptées par le salarié voulant se faire bien voir ou sauver sa place. S'observe une nouvelle fois la « déliaison entre activité, production utile et emploi pour vivre » (p. 316), dont le chapitre 6 démontre l'instrumentalisation par de « nouveaux modèles économiques » liant production et consommation. La coproduction collaborative, le marché des données personnelles ou encore le travail invisible dans le secteur du jeu, des heures supplémentaires non comptées du concepteur à celles consacrées par un joueur à tester la version « bêta » d'un jeu. De tels exemples démontrent la possibilité de valorisation financière de « tous les aspects de la vie humaine » (p. 329), notamment par « les GAFAM [qui] surtout – se gardent bien de parler de "travail", là où les mouvements critiques de cette captation le mettent en avant afin de souligner le rapport social d'exploitation qui est à l'œuvre » (p. 330). Les biotechnologies et l'industrie du vivant alimentent des marchés à la régulation fluctuante quant à ce qui relève ou non du travail dans « l'emploi du vivant » (p. 334). Les technologies numériques soutiennent un retour de la rémunération à la tâche ; c'est par exemple le cas du livreur guidé par une application intermédiaire entre clients et restaurateurs. Des robots « agissent, certes, mais sans activité » : ils fonctionnent en l'absence d'un « Code du travail des machines » (p. 344). Cet exemple a surtout pour fonction de rappeler comment les produits de « l'automatisation continue de l'activité humaine » relèvent de la responsabilité des « sujets qui les conçoivent, les commercialisent et les utilisent » (p. 346).

Le chapitre 7 rassemble les résultats empiriques de cette seconde partie : la dissociation des significations n'est ni sans incidence sur les conditions d'intégration salariale, ni sans usage stratégique notamment pour repousser les frontières d'exploitation des activités humaines. Une stratégie consiste par exemple à jouer sur les valeurs du travail, à la manière d'un « jeu de bonneteau » : « au nom de l'emploi » (p. 349) ou de l'« utilité sociale » (p. 353) des activités entrent ou sortent de la qualification comme « travail », ce qui a pour effet, notamment, d'ouvrir ou de fermer l'accès à la couverture sociale associée au salariat. En conclusion, la succession de ces troubles dans la catégorie « travail » conduit l'auteure à se demander si « l'institution du travail elle-même serait en train de craqueler ». Il revient aux « institutions économiques, politiques ou managériales [qui] encadrent l'emploi » de questionner leur mode de qualification du « travail », par exemple pour reconnaitre « les pratiques qui ne rentrent pas dans nos catégories » (p. 366-367). Cependant, le large spectre de ces pratiques interroge. En effet, la catégorie de pensée comme outil d'analyse permet d'étudier aussi bien des activités cognitives et corporelles invisibles et continues (réfléchir, respirer) que des situations dans lesquelles l'activité recouvre des enjeux de subsistance, voire de survie, collective (prendre soin de la planète, améliorer les conditions de travail). Ce très large inventaire implique un très grand nombre d'institutions sociales, celles du « travail », qui parlent « d'emploi avant tout » (p. 370). Il s'appuie aussi sur d'autres institutions, moins centrales dans l'ouvrage, telles que la famille ou le territoire, qui produisent elles aussi à propos du « travail » des « fictions qui existent » pouvant renforcer ou entrer en tension avec des « régimes de pouvoir ». La possibilité de réviser, voire de transformer les qualifications institutionnelles du travail, ne peut contourner l'existence de rapports asymétriques entre les institutions sociales, un des rares points qui aurait pu compléter, selon nous, la démonstration. Cela n'en reste pas moins une des pistes soulevées par ce riche ouvrage dont la lecture se conclut par une envie de limiter les usages du terme « travail » au profit de termes plus explicite de *ce qui se fait vraiment.*

*
* *

Le care*, théories et pratiques*, Helena Hirata, La Dispute, Collection « Le genre du monde », 2021, 224 p.

Thomas COUTROT
Institut de recherches économiques et sociales (IRES)

Après bien des péripéties, dont la crise sanitaire, le concept féministe de *care* a enfin gagné en France une légitimité reconnue. Comme le disait récemment la politiste féministe américaine Joan Tronto[1], « bien que de nombreux dirigeants aient virilisé la qualification de la pandémie de Covid-19 en la comparant à l'image de la "guerre", elle est en fait, l'expression d'une explosion de la crise des soins qui se poursuit, s'approfondit et se perpétue dans le monde moderne ». Le *care* a fait l'objet ces dernières années de plusieurs publications marquantes, au point que dans sa postface au livre d'Helena Hirata, Danièle Kergoat s'interroge : « un nouvel ouvrage sur le *care* ne semblait pas *a priori* indispensable » (p. 199).

1 https://www.franceculture.fr/societe/joan-tronto-organiser-la-vie-autour-du-soin-plutot-que-du-travail-dans-leconomie-changerait-tout [consulté le 10/05/2022].

Cette crainte est rapidement dissipée à la lecture : l'apport essentiel d'Helena Hirata tient à sa capacité à tenir fermement ensemble un appareil théorique solide croisant rapports sociaux de classe, de sexe et de race, une méthodologie rigoureuse de comparaison internationale et une attention permanente aux détails, à la subjectivité des personnes interrogées dont les expériences fournissent la trame de l'écriture.

Impossible ici de retracer la richesse de l'analyse, « aboutissement d'un itinéraire théorique et méthodologique » de toute une vie, comme le note Danièle Kergoat. La biographie d'Helena Hirata, féministe radicale née au Brésil dans une famille japonaise et réfugiée en France, colle formidablement à un projet de recherche comparative tricontinentale dans ces trois pays qui a été le fil directeur de ses recherches, des ouvriers et ouvrières de l'industrie de l'automobile ou du verre des années 1980 jusqu'aux travaux sur les personnels de la prise en charge des personnes âgées (infirmières, aides-soignantes, assistantes de vie, aides à domicile), qui sont au centre de l'ouvrage.

Celui-ci est si riche qu'il n'est possible ici d'en évoquer que quelques aspects, choisis très subjectivement. Dans les trois pays, le vieillissement de la population, l'entrée des femmes sur le marché du travail et le recul des solidarités intergénérationnelles impulsent un essor de la demande d'emplois du *care*. Helena Hirata montre que l'offre de travail est largement alimentée par la dynamique des migrations internationales (pour les pays riches) ou internes (dans le cas brésilien). Cette dynamique, autrefois tirée par les hommes recrutés dans les usines et les chantiers des pays du Nord, l'est aujourd'hui largement par les femmes, mobilisées par les familles aisées et les entreprises de service des pays riches. C'est la division du travail reproductif qui oriente désormais les flux migratoires, y compris Sud-Sud, comme pour ces nounous philippines embauchées dans les riches familles de Sao Paulo pour parler en anglais aux enfants. Souvent, les migrantes font partie des catégories les plus éduquées dans leur pays d'origine, et souffrent, une fois arrivées dans le pays d'immigration, d'une forte déqualification comme ces médecins recrutés comme aides-soignantes.

L'exception japonaise est particulièrement révélatrice. Très fermé aux flux migratoires, le pays a trouvé une autre manière d'alimenter les besoins de main-d'œuvre au service des personnes âgées : il enrôle les hommes, ouvriers ou techniciens qualifiés, expulsés de l'industrie par les robots puis par la crise de 2008. Alors que les institutions de *care* étudiées par Helena Hirata emploient seulement 10 % d'hommes au Brésil et en France, c'est près de 50 % au Japon. Cela pourrait sembler paradoxal si l'on se réfère à la nature très patriarcale de la société japonaise où les rôles sexués ont longtemps été rigidement distribués. Mais cela pourrait être en train de changer si l'on en croit la très forte croissance du taux d'activité des femmes ces dernières années au Japon (plus de 10 points entre 2010 et 2019 où il s'établit à 73 %), contre 68 % en France et 62 % au Brésil.

Ce n'est pas sans conséquences sur le niveau relatif des salaires des métiers du *care* dans les trois pays : ils sont nettement plus élevés au Japon qu'en France et, bien sûr, qu'au Brésil. Mais, même au Japon, ces professions restent peu valorisées et peu reconnues socialement ; pour les hommes employés dans les métiers du *care*, même s'ils se voient attribuer la plupart des postes de chefs d'équipe, « il est difficile d'assumer complètement ce rôle » ; ils se plaignent « qu'ils ne peuvent pas se marier ni fonder une famille avec un tel salaire » (p. 70).

L'analyse de la division et des représentations sexuées du travail est enrichie par une réutilisation judicieuse de résultats antérieurs obtenus dans l'industrie du verre. Dans les usines enquêtées au cours des années 2000, les hommes peu qualifiés du secteur « froid » (emballage, expédition...) souffraient d'une dévalorisation matérielle et symbolique de leur profession (bas salaire, précarité, faible prestige...), analogue à celle qui affecte aujourd'hui les aides-soignantes ou auxiliaires de vie des EHPAD. Toutefois leur rapport subjectif au travail est totalement différent : les ouvriers non qualifiés du verre se plaignaient du travail répétitif, sale et dangereux, tandis que les travailleuses du *care* affirment aimer leur métier et même aimer leurs patients (même si au Japon, les normes sociales interdisent d'exprimer ouvertement de tels sentiments) : « le rapport intersubjectif avec un.e bénéficiaire du *care* implique un face-à-face singulier qui peut être pénible mais cette relation sociale n'est jamais ressentie comme un travail répétitif » (p. 169).

Helena Hirata ne se contente pas de décrire les tendances dominantes dans les institutions de *care*, où prédomine une forte division du travail avec un recours intensif à la sous-traitance. Elle s'intéresse aussi à des innovations organisationnelles qui visent à enrichir le travail et réaliser un « *care* holistique, non parcellisé et spécialisé » (p. 156) : dans les

« cantous » en France ou les « unit gata » au Japon, « les travailleur.ses polyvalent.es dans la réalisation des tâches (cuisiner, servir, nettoyer, ranger…), recréant l'atmosphère de la maison et favorisant, quand c'est possible, la participation des personnes âgées elles-mêmes ». Elle souligne que ces modes d'organisation « font partie des orientations du gouvernement japonais en matière de structures d'accueil considérées adéquates pour les personnes âgées souffrant d'Alzheimer, leur taille plus réduite permettant des interactions plus riches entre les bénéficiaires et les pourvoyeur.ses de *care* » (p. 156). En revanche la polyvalence dans les grandes structures étudiées (française et brésilienne) se traduit par une intensification du travail des soignants et soignantes, chargés aussi des tâches de cuisine et nettoyage…

En définitive, les témoignages font ressortir la forte implication subjective des travailleuses du *care* dans une relation empathique avec les patients, et l'importance du sentiment d'utilité et de fierté, « des mots que je n'ai pas entendus utilisés par des ouvrières industrielles sur leur travail dans mes recherches précédentes » (p. 146). Helena Hirata y voit un possible ressort de mobilisation collective, unifiant une « nouvelle figure salariale féminine » autour de l'exigence suivante : « nous voulons les moyens de bien faire notre travail » (p. 189). Pour sauvegarder le vivant, il faudra sans doute que l'éthique du *care*, du souci de l'autre, de la société ou de la nature, étende son influence bien au-delà des métiers actuellement désignés comme ceux « du *care* ». Ces métiers, et les mobilisations collectives en défense du travail bien fait qu'ils voient émerger, constituent certainement un laboratoire d'expérimentations dont on peut espérer que s'échappent des virus contagieux…

*

* *

La régulation sociale du risque émotionnel au travail, Thomas Bonnet, Toulouse, Octares éditions, 2020, 226 p.

Lucile GIRARD
Chercheuse associée au LIR3S – UMR CNRS 7366,
Université Bourgogne-Franche-Comté

Cet ouvrage est issu d'une thèse qui explore un objet à l'origine plutôt investi par la psychologie ou la psychosociologie, à savoir la question des émotions. Si cet objet a déjà été étudié par des sociologues, à l'instar d'Arlie Hochschild[1] ou, en France, d'Aurélie Jeantet[2], l'ouvrage de Thomas Bonnet propose plus précisément de s'intéresser à la régulation des émotions au sein des collectifs de travail. Il est découpé en trois grandes parties qui regroupent au total sept chapitres. L'auteur explique tout d'abord comment il va appréhender la notion de risque émotionnel et présente ses terrains de recherche (partie 1). Il se concentre ensuite sur l'échelle du collectif de travail, et montre comment y est appréhendé le risque émotionnel et dans quelles situations il est présent (partie 2). Enfin, le processus de régulation du risque émotionnel est l'objet de la troisième et dernière partie.

Dans la première partie de l'ouvrage, le premier chapitre retrace l'évolution historique de la terminologie venant qualifier le « mal-être au travail ». On perçoit la difficulté à se saisir de cette thématique en sociologie, à travers les définitions des différentes disciplines qui sont mobilisées : sciences de la nature, psychologie, sciences de gestion, et plus récemment psychodynamique du travail. La notion de risque émotionnel renvoie, selon l'auteur, à l'effort fait collectivement par les travailleurs pour dire leurs émotions au travail, sortant ainsi d'une vision seulement négative du risque. Elle se distingue des risques psychosociaux puisqu'elle prend en compte, en plus du niveau de l'organisation du travail, le niveau de la charge affective structurelle de l'activité, et le niveau individuel et subjectif.

Trois terrains d'enquête sont présentés dans le second chapitre : une entreprise de pompes funèbres, un service de soins pédiatriques à l'hôpital,

1 Hochschild A.R., 2017, *Le prix des sentiments. Au cœur du travail émotionnel*, Paris, La Découverte.

2 Jeantet A., 2018, *Les émotions au travail*, Paris, CNRS Éditions.

et deux brigades de police aux missions différentes puisque l'une est chargée d'enquêter sur les décès hors homicides et l'autre s'occupe de la prise en charge des violences intrafamiliales (entre conjoints, mais aussi envers les enfants). Ces deux brigades sont rapprochées par l'auteur en un même terrain policier. Si les tâches effectuées et l'organisation de chaque contexte diffèrent, ces trois terrains peuvent néanmoins être rapprochés par leur rapport à des situations complexes en lien avec la mort, la maladie ou des violences. L'auteur les a choisis pour mettre en évidence la place importante des émotions dans le travail.

Le troisième chapitre explicite la notion de risque émotionnel au regard des situations de travail étudiées. Cette notion est appréhendée au travers de ses conséquences sur le travail, à savoir, d'une part, troubler le bien-être du travailleur à un niveau individuel dans et hors travail, et, d'autre part, l'empêcher de mener à bien son travail, notamment en mettant en péril sa capacité à se conformer aux normes en vigueur au sein de son collectif de travail sur le plan émotionnel. Au terme de cette première partie, les situations de travail étudiées font apparaître une nécessaire gestion collective des émotions pour que le travail puisse se dérouler.

La deuxième partie du livre propose une réflexion sur la façon dont les collectifs de travail font face au risque émotionnel et à ses effets, à la fois en interne et en externe.

Des pistes de réflexion sur la mise en commun des expériences vécues sont proposées dans le quatrième chapitre. L'auteur montre comment se constitue une mémoire au sein du collectif, qui permet de disposer d'éléments pour faire face aux situations à venir. Cette mémoire collective est constituée à partir de trois types de récits, distingués par l'auteur : les anecdotes et récits individuels qui permettent de confronter des pratiques divergentes ; des récits expérientiels qui donnent à voir des représentations collectives ; et des récits illustres qui glorifient des pratiques particulièrement réussies et servent de modèles de référence. Cette mémoire collective, transmise essentiellement à l'oral, est accessible uniquement aux membres du collectif de travail les mieux intégrés.

L'auteur se consacre ensuite à l'examen des facteurs extérieurs aux collectifs de travail qui facilitent ou, au contraire, entravent la régulation des émotions au travail (chapitre 5). Il est notamment question de la hiérarchie, des usagers et d'autres professionnels entourant le collectif de travail. L'auteur montre que les contraintes imposées par les politiques publiques (dans les deux brigades de police et dans le service hospitalier) et la direction (dans les pompes funèbres) représentent un facteur de risque émotionnel au travail, qui peut s'apparenter ici à la notion de risque psychosocial. Des rapprochements peuvent être établis entre des observations réalisées sur des terrains différents, dans lesquels la logique économique prévaut : dans la police, à travers la politique du chiffre ; dans le service de soin, soumis à la tarification à l'activité ; dans les pompes funèbres, à travers l'injonction faite aux employés de vendre le service proposé par l'entreprise. Ces contraintes viennent remettre en cause la façon dont le collectif de travail fait d'ordinaire face au risque émotionnel. Ainsi dans le cas des pompes funèbres, lors de l'enlèvement des corps dans des circonstances telles que les suicides, les employés estiment qu'il faut respecter le deuil des familles et adopter une posture neutre, tandis que leur direction leur demande de convaincre la famille de passer par l'entreprise de pompes funèbres pour organiser les obsèques. Les injonctions viennent percuter les définitions du travail bien fait en mettant les professionnels sous pression, et en les contraignant à adopter des positionnements qui sont contraires à ce qui est valorisé comme le « bon » travail émotionnel au sein du collectif. L'auteur décrit également comment les usagers jouent un rôle important dans la bonne réalisation du travail, en respectant la place qui leur est attribué par le collectif de travail dans la réalisation de l'activité, à la fois sur le plan organisationnel mais surtout sur le plan émotionnel. Ils ont cependant une position ambivalente : d'une part, en tant que destinataires du service, ils ont une position de juge du service rendu ; d'autre part, en tant que protagonistes dans la réalisation du service, ils peuvent engendrer des situations de risque émotionnel en déversant un trop plein d'émotions sur les professionnels. Ces derniers vont alors tenter, dans chacune des situations, de trouver la bonne distance pour pouvoir réaliser la prestation de service. L'attitude adéquate à adopter découlera alors d'un travail d'évaluation de l'usager.

La troisième et dernière partie de l'ouvrage est centrée sur les mécanismes de régulation du risque émotionnel proprement dits. La gestion collective du risque émotionnel est analysée, dans le sixième chapitre, à travers la mise en place de routines émotionnelles qui prennent appui sur deux grands axes : d'une part, l'adoption par le collectif de catégorisations des usagers et, d'autre part, la définition commune d'une division du travail en matière de gestion des émotions. Les catégorisations peuvent reposer sur des critères socio-économiques, culturels, mais également sur la définition de la situation de travail. Dans ce dernier cas, les collectifs de travail catégorisent leurs publics en fonction des missions qu'ils estiment être les leurs. Ainsi, par exemple, les enfants suicidaires dans le service de pédiatrie sont considérés comme relevant d'abord d'un service de psychiatrie ; ils sont écartés du cœur de la mission de la pédiatrie parce qu'ils présentent un risque émotionnel inhabituel dans le service. La mise en place de routines émotionnelles repose également sur la création, par le collectif de travail, de modes d'organisation qui permettent d'affecter ceux de leurs membres reconnus comme possédant les compétences émotionnelles adéquates, aux postes où ils pourront le mieux en faire usage.

Le dernier chapitre revient plus en détails sur les mécanismes de création des routines, à travers l'analyse des règles qui les gouvernent. Ce sont les moments d'élaboration de ces règles qui sont explicités, à travers un idéal-type du processus, décliné en quatre temps : 1/ le problème lié au risque émotionnel est identifié et mis en débat au sein du collectif (par exemple doit-on prendre en charge des enfants en fin de vie dans le service de pédiatrie ?) ; 2/ la mise en place d'une règle fait l'objet d'un compromis interne au collectif de travail, compromis qui tient également compte de l'importance de préserver une bonne ambiance de travail entre collègues, sans laquelle le soutien du collectif dans les situations à risque émotionnel ne pourrait plus se réaliser ; 3/ la règle adoptée par négociation est, *de facto*, validée tant qu'elle est opérante pour faire face à la situation problématique et qu'elle permet de réaliser du « beau travail » (selon les mots de l'auteur), l'efficacité de la règle relevant alors à la fois du jugement des pairs, de la hiérarchie et des usagers ; 4/ les moments de crise qui viennent remettre en cause les règles établies donnent lieu à la création de nouveaux équilibres.

On saluera, tout d'abord, la pertinence de la mise en regard de trois types de situations professionnelles, traversées par des émotions particulièrement fortes du fait de la nature de leurs tâches et du contact que les professionnels ont avec les usagers dans des contextes touchant à l'intime et à la mort. L'intérêt du travail repose, au-delà de la comparaison entre les trois terrains d'études, sur la thématique principale qui est celle des émotions, ici abordée dans le cadre d'un collectif de professionnels. Elle dépasse ainsi une perspective individualisante et psychologisante, en mettant en lumière les arrangements collectifs dont les émotions font l'objet.

On pourra toutefois regretter que les pistes d'analyses dégagées n'abordent pas, ou très peu, les influences des parcours et des caractéristiques des professionnels qui composent le collectif de travail en tant que variables explicatives de leurs pratiques. Ainsi l'appartenance à une catégorie de genre n'est quasiment pas prise en compte, alors qu'à plusieurs reprises l'auteur souligne que les femmes et les hommes ne se répartissent pas les tâches de la même façon. Si la question de la virilité dans les pompes funèbres et celle de l'importance de la relation dans le service de pédiatrie sont évoquées, elles auraient pu faire l'objet d'une analyse plus approfondie, mettant en avant le caractère construit en dehors du collectif de travail, des dispositions à gérer les émotions. De façon complémentaire, on pourra regretter que dans les définitions du travail bien fait qui sont au cœur des analyses, une réflexion plus fine n'ait pas été menée sur l'appartenance, au sein du collectif de travail, à des groupes professionnels différents. C'est particulièrement flagrant au sein du collectif de travail de pédiatrie où coopèrent des auxiliaires de puériculture et des infirmières. Bien sûr, elles forment un collectif de travail qui élabore des règles communes pour travailler ensemble. Cependant, la compréhension des processus de négociation des routines et des règles de travail gagnerait à prendre en compte les socialisations et les *éthos* professionnels différenciés qui coexistent au collectif de travail.

Ce travail ambitieux par ces terrains d'études très différents que sont les pompes funèbres, un service hospitalier et deux brigades de police, présente l'intérêt de mettre au centre de sa réflexion un objet relativement récent pour la sociologie que sont les émotions. L'auteur montre comment elles constituent un des aspects à prendre en compte dans le fonctionnement des collectifs de travail, et ouvre ainsi la voie à de nouvelles et prometteuses recherches.

*

* *

Le travail féministe. Le militantisme au Planning familial à l'épreuve de sa professionnalisation, Alice Romerio, Presses universitaires de Rennes, collection « Archives du féminisme », 2022, 258 p.

Sophie Rétif
Université Paris Nanterre, IDHE.S

Le Mouvement français pour le planning familial (MFPF) est l'une des principales fédérations associatives féministes françaises. Créée à Paris en 1956, elle s'est développée à l'échelle nationale à partir de 1961, avec la création de centres dans plusieurs villes. Présente aujourd'hui dans 76 départements, elle se définit comme un mouvement féministe et d'éducation populaire qui milite pour le droit à l'éducation à la sexualité, à la contraception, à l'avortement, à l'égalité des droits entre les femmes et les hommes. De cette association, on connait en partie l'histoire grâce aux recherches menées par Bibia Pavard sur la période 1956-1979 : celles-ci ont mis en évidence les tensions à l'œuvre dans un mouvement qui s'est construit dans un entre-deux, entre mouvement d'experts et expertes, et mouvement de militants et militantes[1]. Annie Dussuet, Erika Flahault et Dominique Loiseau ont proposé quant à elles une analyse contemporaine de l'emploi et de la reconnaissance du travail dans des associations locales appartenant au MFPF[2]. L'ouvrage d'Alice Romerio, issu d'une thèse de science politique soutenue en 2019, articule et prolonge ces perspectives de recherche. Consacré au travail dans les associations qui composent le MFPF, et ce depuis sa création, il livre une analyse passionnante de la « professionnalisation » du mouvement. L'auteure a donc choisi d'étudier le Planning d'abord comme une organisation dans et pour laquelle on travaille, que ce travail soit

1 Pavard B., 2012, *Si je veux, quand je veux. Contraception et avortement dans la société française (1956-1979)*, Rennes, Presses universitaires de Rennes, collection « Bibliothèque du féminisme ».

2 Dussuet, A., Flahault E., 2010, « Entre professionnalisation et salarisation, quelle reconnaissance du travail dans le monde associatif ? », Formation Emploi, n° 111, vol. 3, p. 35-50 ; Dussuet A., Flahault E., Loiseau D., 2014, « Emploi associatif, féminisme et genre », *Travail, genre et sociétés*, n° 31, vol. 1, p. 101-121.

salarié, bénévole ou défini comme « militant ». Elle mobilise pour cela la littérature consacrée au travail associatif[3]. Ce faisant, elle apporte une contribution importante aux recherches sur l'institutionnalisation de la cause des femmes, contribution qui repose non pas sur une étude des problèmes publics et de leur mise sur agenda, ou de l'action législative, mais sur une analyse de ce que l'auteure appelle le « travail féministe », de sa salarisation et de sa professionnalisation.

Pour mener cette recherche, Alice Romerio a tout d'abord étudié deux fonds d'archives : celui de la Confédération nationale du Planning familial et celui du Conseil supérieur de l'information sexuelle, de la régulation des naissances et de l'éducation familiale[4]. Elle a ensuite conduit entre 2014 et 2017 une enquête par entretiens et observation participante dans trois associations départementales du MFPF. Enfin, elle a réalisé une enquête par questionnaire en ligne auprès de travailleuses du mouvement. Au total, 174 travailleuses (militantes, bénévoles, salariées) ont répondu au questionnaire, soit environ 12 % de la population estimée des travailleuses de l'association.

Le premier chapitre propose une analyse sociohistorique de la professionnalisation dans l'association. Plus précisément, il s'agit d'étudier la professionnalisation d'une partie des membres du MFPF : les hôtesses d'accueil, conseillères et animatrices, soit les travailleuses qui n'ont ni licence, ni mandat[5], à la différence des médecins engagés dans le mouvement. L'auteure montre que l'histoire du MFPF n'est pas celle de la transformation, progressive et en partie contrainte, d'une association « militante » en association « professionnalisée ». Les archives permettent en effet de voir que « la professionnalisation de l'association a constitué une stratégie et un horizon souhaité dès l'ouverture des centres locaux en 1961 » (p. 15), car elle participait de la stratégie de légitimation de la cause contraceptive. Professionnalisation et salarisation sont deux questions qui sont alors pensées de manière distincte, l'une n'impliquant pas l'autre. De premiers dispositifs de formation des hôtesses sont mis en place dès le début des années 1960, puis développés en 1966-1967,

3 Dussuet A., Flahault E., *op. cit.* ; Simonet M., 2009, *Le travail bénévole. Engagement citoyen ou travail gratuit ?*, La Dispute, 2010 ; Hély M., *Les métamorphoses du monde associatif*, PUF.

4 Créé en 1973, ce Conseil est actuellement placé sous la tutelle du ministre chargé de la Santé.

5 Hughes E. C., 1996, « Licence et mandat », *in Le regard sociologique*, Éditions de l'EHESS, p. 99-106.

alors qu'approche la légalisation de la contraception. Le MFPF anticipe en effet le rôle qui pourra être le sien dans la mise en œuvre de politiques d'information sexuelle. Les hôtesses travaillent alors sous des statuts hétérogènes : la plupart sont bénévoles, d'autres rémunérées *via* des vacations. Dans les années qui suivent le vote de la loi Neuwirth[6], alors que des centres locaux nouent des partenariats avec des collectivités locales, des débats sur la professionnalisation se diffusent dans l'association. Au début des années 1970, ils sont notamment portés par le collège des ACA (représentant les assistantes-conseillères-animatrices, nouvelle dénomination pour les hôtesses). Celles-ci sont divisées sur la question de la salarisation. Pour certaines, il faut l'amplifier et « détruire la mystique du bénévolat considéré comme seule forme du militantisme » (p. 39). Pour d'autres, elle risque de faire venir à l'association des personnes non prioritairement intéressées par la dimension militante des activités. En 1972, le MFPF se joint à d'autres associations pour demander à l'État que les personnes recrutées dans les centres prévus par la loi Neuwirth fassent l'objet d'une « sélection sérieuse ». Il s'agit pour ces associations de construire un espace professionnel du conseil conjugal et familial et de faire reconnaître par l'État les formations qu'elles délivrent. Le mouvement opère un tournant politique en 1973 en se prononçant en faveur de la légalisation de l'avortement, ce qui remet en cause sa position de partenaire de l'État. Ce tournant s'accompagne d'un changement de stratégie sur la professionnalisation. Le MFPF s'oppose à l'harmonisation de la formation des conseillères conjugales et familiales et à la création d'un métier spécifique. Il revendique une professionnalisation politique, ancrée dans l'éducation populaire, contre une professionnalisation experte mobilisant des savoirs sur la sexualité : la sexualité doit être l'affaire de tous, et non celle de spécialistes. Alice Romerio montre donc que, d'une part, la professionnalisation n'a pas été une conséquence inéluctable de la participation de l'association à la mise en œuvre des politiques d'information sexuelle. Au contraire, la remise en cause de la professionnalisation experte est postérieure à l'intégration du mouvement dans des politiques publiques. D'autre part, la professionnalisation n'a pas non plus été un vecteur de dépolitisation, mais une question politisée par l'association, ce qui a finalement

6 Adoptée en décembre 1967 et nommée d'après le député Lucien Neuwirth, cette loi autorise l'usage des contraceptifs oraux et l'information sur ceux-ci.

amené le MFPF à freiner la reconnaissance professionnelle du travail féministe. Le mouvement a changé de position récemment en défendant l'enregistrement du métier de conseillère conjugale et familiale au Répertoire national des certifications professionnelles.

Dans un deuxième chapitre intitulé « Devenir une entreprise associative féministe », l'auteure s'intéresse aux usages du travail salarié et du travail bénévole. Dans les années 1980, pour la direction nationale, la salarisation est problématique car porteuse d'un risque de dépendance aux financements publics : elle n'est acceptable que si elle repose sur des ressources propres. Le bénévolat, au contraire, est censé permettre l'autonomie du mouvement. Pourtant, certaines associations locales ont recours au salariat, ce qui suscite des tensions. En 1983, l'une d'elles publie un texte qui critique le bénévolat, source d'une dépendance des travailleuses à l'égard de leur conjoint. Entre le risque de la dépendance à l'État et celui de la dépendance aux conjoints, le salariat s'impose finalement en pratique, à la faveur de deux facteurs qui caractérisent la décennie 1980 : une hausse des financements publics, et des difficultés à recruter des bénévoles. En 2006, les trois quarts des associations départementales ont des salariées[7]. Mais les questions demeurent, et en premier lieu celle des usages, différenciés ou non, du travail salarié et du travail bénévole. Pour l'étudier, Alice Romerio s'appuie sur une enquête menée dans trois associations. Celles-ci présentent des configurations très différentes : une trentaine de salariées et cinq bénévoles dans l'association A, cinq salariées et une trentaine de bénévoles dans l'association B, une salariée et une bénévole dans l'association C. Dans l'association A, le travail est très majoritairement salarié et une stricte division du travail entre bénévoles et salariées a été mise en place. Cette division permet à l'association de légitimer son action auprès des financeurs mais aussi de politiser le travail salarié et bénévole : elle refuse par exemple de mobiliser du travail bénévole pour des actions qui relèvent d'une commande publique. Cela n'empêche pas que certaines salariées travaillent en partie bénévolement, comme une forme de contribution militante au mouvement. L'association B, au contraire, a massivement recours au travail bénévole pour répondre aux multiples sollicitations locales, et mobilise en premier lieu des jeunes en cours d'études et en voie de professionnalisation. Stagiaires, bénévoles et salariées y partagent de nombreuses

7 J'emploie dans ce texte la forme « salariées » pour désigner les salariées et salariés.

tâches. L'association C, quant à elle, après s'être essoufflée, a été relancée dans les années 2000 sous l'impulsion des institutions départementales. Le salariat est perçu, dans ce contexte, comme une des conditions de sa survie et non comme un vecteur potentiel de dépolitisation. L'auteure montre ainsi que l'on trouve au sein d'un même mouvement des formes très différentes de politisation du travail, et que ces formes de politisation vont façonner les carrières des travailleuses et travailleurs.

Dans le troisième chapitre, « Devenir une travailleuse féministe », Alice Romerio se penche sur les carrières féministes et les processus de politisation par le travail. Elle identifie plusieurs modalités d'entrée dans le travail féministe : par le féminisme, en particulier pour des femmes et hommes ayant été engagés politiquement à l'extrême-gauche ou ayant suivi des formations universitaires consacrées au genre ; par la profession, pour des personnes souhaitant exercer spécifiquement des fonctions de conseil conjugal et familial ; par le travail associatif, pour des personnes souhaitant travailler dans le secteur sanitaire social et pour qui la cause de l'association apparaît secondaire. Elle montre comment le travail salarié peut être un vecteur de politisation, rejoignant sur ce point les travaux de Pauline Delage sur les associations de lutte contre les violences conjugales[8], et comment les configurations locales de professionnalisation façonnent des politisations féministes différenciées.

Le quatrième et dernier chapitre est consacré à la mise en œuvre des politiques publiques par les travailleuses du MFPF, à la manière dont celles-ci se saisissent de la délégation opérée par l'État pour les politiques d'information sexuelle et aux effets de l'action publique sur le travail féministe. Les trois associations ne réagissent pas de la même manière aux injonctions de l'État et à différentes contraintes (le financement sur projets, par exemple). L'auteure étudie les « tensions entre la posture contestataire et celle de "partenaire" dans le cadre de la mise en œuvre de politiques publiques » (p. 209), saisies *via* la réception d'une catégorie d'action publique, la « laïcité ». Les analyses qu'elle consacre au traitement de certaines demandes des usagères, par exemple la demande de certificats de virginité, mettent en évidence une forte hétérogénéité des pratiques.

La recherche d'Alice Romerio montre donc que derrière « le Planning familial », on trouve, depuis longtemps, des configurations associatives

8 Delage P., 2017, *Violences conjugales. Du combat féministe à la cause publique*, Paris, Presses de Sciences Po.

locales hétérogènes et des formes différentes d'institutionnalisation de la cause des femmes. Cette recherche prend le contre-pied des discours dominants sur la professionnalisation du travail associatif, selon lesquels celle-ci serait une conséquence inéluctable du développement des associations et de leur participation à la mise en œuvre des politiques publiques – des discours qui émanent notamment des acteurs publics. Dans l'histoire du MFPF, la professionnalisation n'a été ni inéluctable, ni subie. Elle a été politisée de manière différente par les associations locales. La figure du professionnel ou de la professionnelle « experte » est une figure problématique pour une partie des membres du MFPF, qui s'efforcent de penser et construire des professionnalités alternatives, « militantes », et qui distinguent professionnalisation et salarisation. À ce titre, cette recherche enrichit le corpus de travaux consacrés aux « professionnalisations problématiques[9] » en montrant que le caractère incertain de la professionnalisation n'est pas nécessairement perçu comme un problème par les travailleuses et travailleurs concernés. La comparaison de monographies mise en œuvre par Alice Romerio permet en outre de saisir à quelles conditions des professionnalités alternatives peuvent s'affirmer.

*

* *

The Social Meaning of Extra Money : Capitalism and the Commodification of Domestic and Leisure Activities, Sidonie Naulin et Anne Jourdain (dir.), Dynamics of Virtual Work, {Palgrave Macmillan}, 2019, 284 p.

Vincent Jourdain
Laboratoire PACTE (UMR 5194),
Université Grenoble Alpes

Cet ouvrage collectif coordonné par Anne Jourdain et Sidonie Naulin propose de questionner l'émergence de l'activité économique *à partir*

9 Sur cette question, voir par exemple le numéro de *Formation Emploi*, « Les processus de professionnalisation », n° 108, vol. 4, 2009.

du travail domestique. Issu d'un travail de réflexion et d'écriture initié au sein de la *Society for the Advancement of Socio-Economics* (SASE) et plus particulièrement de la mini-conférence *Marketization of Everyday Life*, il rassemble neuf chapitres explorant tout autant d'activités domestiques « marchandisées ». Tour à tour sont explorés le tricot, l'agriculture familiale, la tenue de blogs culinaires ou relatifs aux séries télévisées, le *suitcase trading* (commerce à la valise), la réalisation de shows érotiques sur internet, l'utilisation du temps de repos dans le milieu de l'aéronautique ou la revente d'objets de seconde main sur internet. Ce qu'ont en commun ces activités, c'est qu'elles produisent un gain monétaire pour celles et ceux qui la pratiquent, alors qu'elles trouvent leur origine dans une pratique domestique (relative au foyer) ou parfois de loisir. Dans un nombre important de cas, il s'agit d'activités rendues marchandes par la digitalisation, c'est-à-dire l'accès grandissant, et à coût décroissant, au réseau internet. Publiés en 2019, les résultats de cet ouvrage seront utilement mobilisés pour lire les transformations de l'économie successives à la crise sanitaire liée à la pandémie de Covid-19.

L'ouvrage comporte trois grandes parties, une introduction générale et une conclusion succincte. Le chapitre introductif rédigé par les coordinatrices annonce l'ambition théorique. Celle-ci s'inscrit dans la tradition sociologique en traitant un thème phare de la sociologie économique : celui de l'expansion du marché. Les approches classiques retiennent souvent une lecture critique de ce phénomène, le décrivant comme inhérent au capitalisme, faisant sans cesse réduire l'espace du non-marchand. On peut se souvenir que Karl Marx observait la poursuite de l'aliénation des travailleuses hors de l'usine *via* le travail à domicile[1]). L'extension inexorable de la sphère marchande se poursuivrait au 21e siècle, sous l'effet de plusieurs facteurs. En premier lieu, la digitalisation, en réduisant les coûts de recherche et de transaction *via* de nouvelles plateformes, génère des effets de réseaux permettant l'accélération et l'émergence de nouvelles pratiques marchandes. Ensuite, la « crise économique » globale, qui accroit les inégalités et la paupérisation de classes inférieures, motiverait les individus à chercher des sources de gain monétaire par d'autres moyens que l'emploi salarié. Enfin, des valeurs « post-fordistes » (p. 4) encourageraient l'auto-entrepreneuriat et la recherche d'une réalisation de soi à travers le « travail-passion ».

1 Marx K. 2008[1871], *Le capital*. Gallimard, p. 526-531.

Les auteurs et autrices proposent dès lors d'explorer empiriquement les significations sociales du travail domestique marchandisé. Le titre du livre, écho à l'ouvrage de Viviana Zelizer[2], signale la spécificité du propos sociologique des coordinatrices du livre. Alors que la sociologue américaine proposait dans *The Social Meaning of Money* de rendre compte des différentes formes de signification sociale que prend la monnaie fiduciaire, lorsqu'elle est employée pour des usages non marchands (religieux, familiaux etc.), les contributeurs et contributrices de l'ouvrage actualisent et précisent la question que se posait Zelizer, en étudiant « l'argent supplémentaire » issue du travail non salarié. Même si certains chapitres livrent un début d'analyse économique de l'ampleur et des caractéristiques techniques de cette *commodification*, il s'agit surtout pour les contributeurs et contributrices d'étudier comment les acteurs du monde social s'en emparent. Que font-ils ou elles de l'argent gagné, et comment le relient-ils ou elles à leur activité ?

En se concentrant sur « l'argent supplémentaire », cette approche interroge par contraste la signification sociale donnée à l'argent issu du salaire, et plus généralement à l'activité professionnelle. Y-a-t-il un lien entre les caractéristiques individuelles (niveau de salaire, genre, situation sociale) et la signification donnée à l'argent gagné en dehors du cadre professionnel ? Sans prétendre révéler de corrélation entre ces deux ensembles de variables, l'ouvrage esquisse une typologie des significations sociales dans laquelle les cas étudiés dans les chapitres s'insèrent, et à travers lesquels le lecteur peut se faire une idée d'ensemble des mécanismes à l'œuvre. Trois types de signification sociale de « l'argent supplémentaire » sont ainsi décrits dans les trois parties qui constituent l'ouvrage : argent de poche (*pin money*), épargne et faible revenu professionnel.

L'« argent supplémentaire » comme argent de poche se retrouve ainsi dans le chapitre de Vinciane Zabban, portant sur l'activité marchande autour du site Ravelry.com. Cette activité concerne principalement à travers la vente de créations de tricot et/ou de patrons. Les utilisateurs y réaliseraient une « production ostentatoire[3] » principalement gratifiante sur le plan de la popularité dont jouissent les patrons les plus appréciés. Seule une minorité est en capacité de vendre des produits (tricots ou patrons), et le gain monétaire y est modéré. Le caractère minoritaire,

2 Zelizer V. A., 1995, *The Social Meaning Of Money* (Reprint edition), Basic Books.

3 Weber F., 1998, *L'honneur des jardiniers, les potagers dans la France du XXe siècle*, Paris, Belin.

sinon concentré, de la lucrativité de l'usage digital se retrouve dans le chapitre d'Anne Jourdain et de Sidonie Naulin, qui traite des blogs culinaires et de la plateforme Etsy, qui met en relation productrices et producteurs d'objets faits mains (bijoux, prêt à porter, accessoires) et des acheteurs. Les autrices y montrent que le gain économique est quasi-nul, et sert au mieux à compenser les coûts engendrés par le « loisir sérieux » de la cuisine ou de l'artisanat domestique. En revanche, le succès économique des produits artisanaux vendus sur Etsy est compris comme un indicateur du talent de sa créatrice ou de son créateur. Enfin, le chapitre d'Adrien Bailly, Renaud Garcia-Barbidia et Coralie Lallemand nous montre comment la revente de produits de seconde main sur Leboncoin participe à l'apprentissage de nouvelles compétences, qu'elles soient techniques pour corriger les asymétries d'informations sur un marché non garanti par des dispositifs clairs, par exemple sur les défauts cachés des automobiles (p. 105 ; on pense également ici aux *lemons* d'Akerlof[4]) ou bien marchands (comment faire de la publicité, fixer des prix, fidéliser la clientèle).

L'argent obtenu peut également devenir une forme d'épargne, ainsi qu'étudié dans la seconde partie. Il en va ainsi du *suitcase trading* c'est-à-dire du commerce transnational illégal de marchandises, opérés dans des valises de voyage personnelles, par des femmes comoriennes immigrées en France. Le chapitre d'Abdoul-Malik Ahmad montre ainsi comment ces femmes cherchent à sécuriser leur situation professionnelle précaire dans leur pays d'immigration en générant des revenus annexes à l'occasion de voyages dans leur pays d'origine (et leurs escales). Glenn Mainguy, qui a étudié la revente de produits agricoles dans des familles russes rurales et pauvres, indique comment l'épargne est ici sociale, puisque la pratique agricole marchande permet à des individus devenus « travailleurs pauvres », du fait de la chute de l'URSS, de reconquérir une place économique légitime dans la société, laquelle est fortement organisée selon des représentations genrées. La logique est comparable dans le cas étudié par Anne Lambert dans son chapitre sur l'utilisation du temps libre par les personnels embarqués des compagnies aériennes. Ces professions (stewards, pilotes) sont caractérisées par des rythmes de travail non standards, lesquels sont différemment utilisés selon les

4 Akerlof G. A., 1970, « The Market for "Lemons" : Quality Uncertainty and the Market Mechanism », *The Quarterly Journal of Economics*, vol. 84, n° 3, p. 488-500.

statuts professionnels et le genre. Globalement, les femmes ont plutôt tendance à utiliser leur temps libre pour se former sur d'autres métiers, ou à exercer des activités de loisir, sans parvenir à en tirer des revenus supplémentaires tandis que les hommes tirent plus fréquemment profit de leurs activités parallèles, comme lorsqu'ils donnent des cours de pilotages privés. En particulier, les pilotes développent un « multi-positionnement » social[5] *via* des activités socialement prestigieuses et parfois économiquement rémunératrices.

La troisième partie porte sur la lucrativité des activités domestiques comprise comme un réel (mais bas) revenu professionnel. Le chapitre de Pierre Brasseur et de Jean Finez, revient sur le *sexcamming* (exhibition pornographique en ligne) et sa professionnalisation. La pratique se caractérise par une tension entre le caractère faussement amateur des performances filmées – qui se traduit par une mise en scène comme jeune femme naïve et désintéressée –, et l'investissement personnel dont font preuve les *camgirls*, notamment pour garantir le succès de leur activité par la différenciation et la fidélisation de la clientèle. Anne-Sophie Béliard, dans un chapitre portant sur les sites Internet de recensions et de commentaires de séries télévisées, montre la professionnalisation des individus qui gèrent ces sites. S'appuyant sur des compétences techniques acquises durant leur carrière et/ou leurs études, ces passionnés mettent sur pied des dispositifs collaboratifs, en insistant sur cette passion qui les anime comme caractère distinctif de leur site internet.

Au total, *The Social Meaning of Extra Money* est un livre riche par la diversité des cas étudiés et des modalités de marchandisation qu'ils mettent en lumière. Si un seul opus ne peut à lui seul prétendre traiter l'ensemble des « sens » que peut prendre « l'argent supplémentaire », il faut saluer l'effort des coordinatrices et des auteurs et autrices pour avoir organisé leur propos de manière à permettre aux lecteurs d'apercevoir certains motifs caractéristiques du capitalisme moderne. Ces motifs sont ici explorés à l'aune des sens, des motivations des acteurs sociaux, participant ainsi à l'analyse de l'économie vécue, au cœur du programme de la sociologie économique. À la lecture, on se rend compte que tous les phénomènes de marchandisation/commodification ne se valent pas. Certains processus de mise en marché sont ainsi plus avancés que d'autres,

5 Boltanski L., 1973, « L'espace positionnel : multiplicité des positions institutionnelles et habitus de classe », *Revue française de sociologie*, vol. 14-1, p. 3-26.

et les chapitres d'Ahmad ou Mainguy montrent des cas où les individus rencontrent des difficultés pour échanger, obtenir des prix fixes et faire effectivement réaliser les paiements. Il aurait été intéressant de creuser la question des degrés d'intensité des marchandisations présentées. Enfin, on peut regretter que la question de la « valeur » de ce qui est échangé ne soit pas explorée plus avant. Les études sur la *valuation* (*valuation studies*) auraient à ce titre fourni des clés d'analyses utiles, notamment en ce qu'elles mettent l'accent sur les institutions qui encadrent l'échange (appareillages marchands, marchés, idées). On comprendra toutefois aisément comment un ouvrage portant sur les *sens* de l'activité économique ne peut pas forcément s'aventurer sur le terrain des *fonctions* de celle-ci.

*

* *

La Colonisation du quotidien. Dans les laboratoires du capitalisme de plateforme, Patrick Cingolani, Éditions Amsterdam, 2021, 220 p.

Fabien Lemozy
Institut de psychodynamique du travail, Paris

Les travaux de Patrick Cingolani, professeur de sociologie à l'Université Paris Cité, ont pour objet commun les évolutions du monde du travail, analysées sous la perspective dialectique de la domination et de l'émancipation. Ses derniers ouvrages sur la précarité[1] se situaient dans la continuité de ses préoccupations scientifiques relatives à la lame de fond qui transforme le capitalisme depuis ces dernières décennies, à savoir l'externalisation et ses deux composantes : la sous-traitance et le travail temporaire. De ce fait, il n'est pas surprenant de voir qu'il apporte sa contribution à l'analyse critique de la forme la plus récente qu'a prise ce mouvement : le capitalisme de plateforme.

1 Respectivement *Révolutions précaires : essai sur l'avenir de l'émancipation*, La Découverte, 2014 ; et *La précarité*, « Que sais-je ? » n° 3720, 2017.

P. Cingolani consacre le premier chapitre de ce nouvel ouvrage aux « propriétés politiques des nouvelles technologies », c'est-à-dire au contexte social et politique de l'émergence du capitalisme de plateforme. Le constat est sans appel : le capitalisme « s'est débarrassé du travail » (p. 35), non seulement en le déléguant (externalisation), mais en opérant un déni du réel du travail au profit de la conception et de la gestion de la production (*i.e.* le tournant gestionnaire). C'est dans ce mouvement d'abstraction et de soumission du procès de travail que les technologies de l'information et la communication (TIC) notamment par le biais des algorithmes et de l'intelligence artificielle interviennent plus particulièrement, tant elles portent en elles une puissance communicationnelle, didactique, de contrôle et de surveillance qui n'a rien à envier à la disciplinarisation induite par le panopticon benthamien[2]. Le capitalisme industriel a cédé sa place au capitalisme informationnel, il exploite les espaces qui relèvent de l'intime et tire avantage du travail émotionnel[3], de l'activité langagière et de celle des émotions du « cybertariat[4] », la nouvelle classe prolétaire.

Cette nouvelle classe prolétaire est composée des générations qui cherchaient justement à s'écarter des formes traditionnelles d'hétéronomie du travail. Mais, et c'est ce sur quoi le deuxième chapitre insiste, ces espaces d'autonomie dotés d'une certaine « expressivité culturelle[5] » (p. 62) n'échappent plus aux nouveaux modes d'assujettissement. Il y a une « colonisation du monde culturel par le capitalisme » (p. 59). Les frontières sont dorénavant floues entre autonomie et hétéronomie, ce qui amène l'auteur à parler d'une « parasubordination » (p. 80), que l'on retrouve dans de nombreuses activités disparates : la rédaction de blogs de mode, le partage en *streaming* d'un *gameplay* sur la plateforme Twitch, les clichés de photographes amateurs, ou encore la mise en valeur de la notoriété d'une marque par ses « ambassadeurs ». Ces exemples peuvent paraître anodins et déconnectés les uns des autres, mais pour l'auteur

2 Foucault M., 1975, *Surveiller et punir*, Paris.

3 Le concept de travail émotionnel est clairement situé dans les travaux de A. R. Hochschild (1983, *The managed heart. Commercilization of human feeling*, Berkeley, University of California Press) et prend pour exemple les prospecteurs commerciaux et la façon dont ils ajoutent au script imposé un « investissement moral » dans la négociation (p. 41-42).

4 Huws U., 2014, *Labor in the global digital economy : The cybertariat comes of age*, NYU Press.

5 En référence aux pratiques investies dans l'art et la culture d'une génération désireuse de proposer des formes alternatives de vie, notamment alternative au monde ouvrier de leurs parents.

l'objectif de ce détour est de montrer les « multiples manières dont les activités latérales se commercialisent, se convertissent en travail » (p. 99) grâce à l'utilisation du numérique, dont l'un des points forts réside dans sa capacité à lier ce qui est délié, participant à la « colonisation de l'activité par le marché » (p. 95).

Ces deux premiers chapitres, qui occupent la moitié du livre, constituent un préalable pour contextualiser l'intérêt scientifique à porter aux plateformes : celles-ci représentent effectivement la « figure la plus paradigmatique du capitalisme contemporain » (p. 107) et s'inscrivent dans la continuité (et le renforcement) des processus de précarisation à l'œuvre dans l'économie politique depuis des décennies maintenant. Prendre pour objet d'investigation les « plateformes maigres » (traduction par P. Cingolani du concept de *lean platform* développé par N. Srnicek[6]) est une des meilleures façons de comprendre ce qui change dans ces nouvelles organisations du travail se présentant comme de simples outils d'intermédiation. La trouvaille de ces plateformes réside dans l'effacement des lignes hiérarchiques intermédiaires, ce qui concourt selon l'auteur à un perfectionnement disciplinaire qui profite au capitalisme, grâce à la « domination algocratique[7] ». Qu'il s'agisse de plateformes de travail à domicile, de plateformes de services de transport, de plateformes de professionnels indépendants, ou bien de plateformes de travail digital générique, l'algorithme est dorénavant celui qui prescrit le travail et contrôle les travailleurs, sans l'intervention d'encadrants et avec l'aide des clients, à qui une partie du management a été externalisé également (p. 120).

Pour autant, l'hétéronomie demeure toujours présente : « Même si nous pouvons travailler à notre insu, même si la contrainte peut être déniée sous le simulacre du jeu, l'hétéronomie reste à notre sens un élément décisif de la spécification d'un certain nombre de plateformes » (p. 113). Et il nous semble important de la caractériser à chaque fois

6 Le concept de *lean platform* a été traduit par l'expression « plateforme allégée » dans la publication française du livre (Srnicek, 2018, *Capitalisme de plateforme : L'hégémonie de l'économie numérique*, Lux Canada).

7 L'expression « domination algocratique » est préférée par l'auteur à celle de « management algorithmique » (Lee, Kusbit, Metsky et Dabbish, 2015, « Working with machines : The impact of algorithmic and data-driven management on human workers », *Proceedings of the 33rd annual ACM conference on human factors in computing systems*), pourtant plus communément utilisée dans la littérature.

qu'une nouvelle plateforme de travail fait son apparition. Les travaux de chercheurs de terrain, dans les descriptions qu'ils sont en mesure de faire du monde tel qu'il est vécu par les travailleurs, constituent une source d'information précieuse pour aider les institutions de l'État à qualifier et réguler ce qui se passe dans le monde du travail. La condamnation récente par la justice française de la plateforme Deliveroo (et de certains anciens dirigeants) en est un exemple. Elle a été reconnue responsable d'« une instrumentalisation et d'un détournement de la régulation du travail », dans le but d'organiser une « dissimulation systémique » d'emplois de livreurs qui auraient dû être salariés et non indépendants[8].

Car c'est bien de cela qu'il s'agit pour P. Cingolani, d'une dissimulation, plus précisément d'un déni du travail, de sa pénibilité et des liens de subordination, opéré par les plateformes, en ayant notamment recours à un processus de *gamification* du travail. La réalité empirique de ces plateformes est étayée dans le quatrième chapitre, à travers les vignettes d'Amazon, d'Uber et de Deliveroo, figures de proue de ce phénomène. Ce chapitre est également l'occasion de montrer que des alternatives ont commencé à voir le jour, en s'inscrivant notamment dans le mouvement du coopérativisme de plateforme initié par Trebor Scholz[9].

La notion d'emploi comme celle de travail est brouillée. L'auteur insiste sur la transformation que connaît le travail : tantôt il « s'éloigne », « se masque », « se segmente », « se pulvérise », « s'échappe », « se délocalise », « se fragmente », « s'immerge », « s'efface », un champ lexical qui signe sa dilution dans « la temporalité du privé ou dans une quotidienneté dilatée » (p. 169). C'est ainsi qu'il s'instille un peu plus dans notre intimité, ce qui permet aux capitalistes d'arracher quelques heures de travail de plus sans les rémunérer, et de ce fait « tirer le suc que produit une société » (p. 171). Alors comment résister à l'abstraction du travail ? Pour l'auteur, il s'agit de « résister à la dimension haletante, et résister à la frénésie du chiffre » (p. 181). Ce qu'il résume par le terme de « désœuvrer », ou « faire défection », c'est-à-dire « d'arrêter, de dérouter, de suspendre, […] de désœuvrer ce régime de prédation et d'épuisement

8 https://www.liberation.fr/economie/deliveroo-condamne-pour-travail-dissimule-dans-un-proces-historique-de-luberisation-20220419_B7TV5DO44RDTJERFO3S4Y7CMCM/, page consultée le 10/10/2022.

9 Scholz T., 2014, « Platform cooperativism vs. the sharing economy », *Big Data and Civic Engagement*, p. 47-52.

des ressources et des richesses collectives, institué sur des inégalités de plus en plus barbares. » (p. 184).

La colonisation du quotidien. Dans les laboratoires du capitalisme de plateforme constitue un bon livre d'introduction pour ceux qui souhaitent comprendre ce que l'on nomme communément l'*ubérisation* (ou le capitalisme de plateforme), comment celui-ci fonctionne et comment il s'instille dans bon nombre de secteurs de travail, et quelles en sont les alternatives naissantes. Il présente un panorama non exhaustif des travaux en cours dans ce champ scientifique. Il faut en souligner deux limites. D'une part, cet essai ne présente pas de données empiriques originales. À la lecture du titre du livre, on aurait pu s'attendre à ce que soit menée une enquête sur les conditions de création de ces plateformes, de leurs algorithmes, sur ceux qui composent la « classe vectorale[10] » dont parle l'auteur, et du travail et des travailleurs de cette classe qui œuvrent à asseoir une conception du travail (« la main invisible mais monopoliste ou les mains de ses servants dévoués », p. 150). D'autre part, les propositions théoriques et conceptuelles ne sont pas renouvelées ; elles font écho à des interprétations et des analyses déjà inscrites dans la littérature (l'accélération, la *gamification*, la précarité et l'exploitation du travail gratuit, la montée en abstraction du travail, et les travaux de terrain existants sur les différentes plateformes).

Parler de la colonisation de l'intime par le travail, comme le fait cet ouvrage, invite à reconsidérer une dichotomie courante dans le champ des sciences du travail, entre ce qui relève du travail et du hors-travail. L'auteur utilise des tournures lexicales qui mériteraient d'être approfondies, comme la manière « subreptice » dont s'infiltre le travail dans les temps hors-travail sous l'ère du capitalisme néolibéral, et les effets de « saturation » que vivent les individus. De fait, il y a toujours quelque chose qui relève de l'intime et de la subjectivité engagés dans le travail[11], et qui se poursuit même hors de la sphère du travail : il s'agit de la même peau, du même corps qui vit le travail et se déploie dans les autres dimensions de vie sociale. Cet effet de « saturation » décrit

10 C'est-à-dire la classe qui « se défait de la propriété directe du patrimoine culturel produit, mais se consolide autour du vecteur » (Wark, 2013, « Considerations on a hacker manifesto », *in* Scholz T., *Digital labor*, Londres, Routledge, p. 93), le vecteur étant compris comme le dispositif sociotechnique de mise en circulation de ce patrimoine culturel sur le marché.

11 Dejours C., 2013, *Travail vivant. Tome 2 : Travail et émancipation*, Payot.

par l'auteur vient dire quelque chose sur ce qui est modifié dans notre rapport au travail, notamment du point de vue de la possibilité de le penser, ou de ce qui entrave le déploiement de l'intelligence humaine dans le travail. Le management algorithmique, le monitoring, les prescriptions numériques sous formes de notifications, viennent gêner l'étape de réflexivité, de retour sur soi, qui peut se dérouler dans les temps de travail mais également hors-travail. L'activité de pensée est remplacée par des activités cognitives imposées par nos connexions numériques et la standardisation qu'elles impliquent ; dès lors l'épuisement psychique surgit à des moments où l'économie psychique[12] aurait pu connaître d'autres destins. De ce fait, il faudrait plus particulièrement se préoccuper des questions de santé, et notamment de santé mentale, engagées dans la confrontation avec le « néocapitalisme, [...] puissance spécifique d'organisation et de disciplinarisation » (p. 107).

12 Énergie qui circule dans l'appareil psychique.

RÉSUMÉS/*ABSTRACTS*

Anne Jourdain, « Introduction du numéro. Aux frontières du travail et de l'emploi : déplacements et recompositions dans les pays du Nord »

Au Nord comme au Sud, les mondes du travail ont été soumis à de nombreux bouleversements. Le pari des deux numéros spéciaux 2022-1 et 2022-2 est que porter le regard sur les frontières du travail et de l'emploi doit permettre de repenser le travail à l'aune de ces transformations contemporaines. Le présent numéro (2022-1) interroge les déplacements et recompositions de ces frontières dans les pays du Nord. Les frontières analysées s'établissent vis-à-vis du loisir, du militantisme ou encore de la vie privée et familiale. Elles impliquent des efforts de construction de la part de divers acteurs : chercheurs et chercheuses élaborant le concept de travail, mais aussi individus se mobilisant dans différentes arènes (médiatique, politique…) pour faire reconnaître leurs activités comme du travail. L'enjeu de la qualification comme travail se situe donc aux niveaux théorique et empirique.

Mots-clés : frontières, travail, emploi, qualification, Nord.
Code JEL : J01 ; O5 ; Z13.

Anne Jourdain, "*Introduction to the Issue. At the Boundaries of Work and Employment: Shifting and Rebuilding in the Global North*"

In the North and in the South, workers have experienced many disruptions in the last years. The aim of the two special issues 2022-1 et 2022-2 is to look at the boundaries of work and employment in order to rethink work in the light of these contemporary transformations. The present issue (2022-1) examines the shifting and rebuilding of these boundaries in the Global North. The boundaries analysed are established in relation to leisure, activism, and private and family life. Their definition involves the efforts of various actors: researchers elaborating the concept of work, but also individuals mobilising in different arenas (media, politics, etc.) to have their activities recognised as work. The issue of qualification as work is therefore situated at both theoretical and empirical levels.

Keywords: boundaries, work, employment, qualification, North.

Irène BERTHONNET, Clémence CLOS, « La gestation comme travail gratuit. Aux frontières du travail marchand et du travail domestique »

L'article définit la gestation comme un des aspects du travail reproductif pour montrer que ce travail est gratuit dans le cadre marchand et dans le cadre domestique. D'une part, une étude socio-économique des institutions régulant les marchés de gestation pour autrui aux États-Unis permet d'affirmer que les gestatrices effectuent un travail gratuit et pose la question de la reconnaissance de ce travail dans le cadre marchand. D'autre part, une analyse des critères définissant le travail domestique au sens de l'Insee montre ultérieurement que la gestation – bien que répondant aux critères nécessaires pour appartenir à la catégorie de travail domestique – n'est jamais envisagée comme telle. Ainsi, dans les deux cas, l'activité de gestation n'apparaît jamais comme étant du travail.

Mots-clés : gestation, travail domestique, gestation pour autrui, travail gratuit, institutions.

Codes JEL : J16 ; J33 ; J46.

Irène BERTHONNET, Clémence CLOS, "*A Margin of Professional and Domestic Labor. Childbearing as Unpaid and Unrecognized Work*"

The paper defines childbearing as a part of reproductive labor, showing that this work is unrecognized as such as well as unpaid, in both the public and private sphere. First, based on a socio-economic study of the institutions regulating surrogacy markets in the United-States, the article shows that surrogates perform free labor and questions the recognition of this work. Then, an analysis of the INSEE definition of domestic work shows that childbearing, despite meeting the necessary criteria to fit into the category of domestic work, is never considered as such. Thus, in both cases, the activity of childbearing is never considered as work.

Keywords: childbearing, domestic labor, surrogacy, free labor, institutions.

Saskia MEROUEH, « Des enfants travailleurs au Nord ? Légalisation et conflits de qualification du travail des enfants mannequins en France »

En France, malgré l'interdiction générale du travail des enfants de moins de 16 ans, ces derniers bénéficient d'encadrements juridiques dérogatoires leur permettant de travailler dans les mondes de l'art, de la publicité et de la mode. Cet article propose une analyse sociohistorique du processus d'acceptation et de légalisation du travail des enfants mannequins en France dans les années 1990. Nous montrons comment les principes de protection de l'enfance et les évolutions du capitalisme se construisent relationnellement dans les pays développés. Il s'agit, d'un côté, de relativiser l'autonomie de la protection de l'enfance, qui est en réalité façonnée par des impératifs économiques ; puis, de l'autre, d'étudier la manière dont la protection de l'enfance peut être un moteur de règlementation du travail lors d'une période de vaste libéralisation économique.

Mots-clés : travail des enfants, mannequinat, évolutions du capitalisme, protection de l'enfance, analyse socio-historique.

Codes JEL : J21 ; J41 ; Z13.

Saskia MEROUEH, *"Child Workers in the North? Legalization and Qualification of Child Models in France"*

In France, where the principle of child work is morally condemned and legally prohibited, derogations exist for employing children in the performing arts, modelling and advertising. This article proposes a socio-historical analysis of the process of acceptance and legalization of child work in modelling in France in the 1990s. We show how the principles of child protection and the evolutions of capitalism are relationally constructed in developed countries. On the one hand, child protection is shaped by economic imperatives, and, on the other hand, child protection can be a driving force for the regulation of work during a period of vast economic liberalization.

Keywords: child labor, modeling, evolution of capitalism, child protection, socio-historical analysis.

Marion MICHEL, « "Mon travail : créatrice de contenus engagée". Enjeux de la professionnalisation de la prescription écoresponsable sur les réseaux socionumériques »

Sur les réseaux socionumériques, de nouvelles formes de prescription apparaissent : une entrepreneure individuelle appelée « créatrice de contenus » propose un produit à son audience après avoir été rémunérée. L'écologie est concernée par cette prescription en ligne mais le caractère militant de ce type d'activité influe sur les pratiques marchandes. À partir d'une ethnographie en ligne, de *scraping* du web et d'entretiens, nous étudions la façon dont se créent des conflits moraux pour la définition de l'activité de créations de contenus. Alors qu'entreprises et communautés d'abonnées refusent la marchandisation et la rémunération d'une activité vue comme militante, les créatrices de contenus s'organisent et travaillent à faire reconnaitre leur activité comme une profession, fondée sur une éthique de travail et des pratiques écoresponsables normées.

Mots-clés : écologie, professionnalisation, réseaux socionumériques, prescription marchande, influence.

Codes JEL : A13 ; A14 ; Z13.

Marion MICHEL, "*'My Job: Sustainable Content Creator'. Ecoresponsible Prescription Professionalization at Stake on Social Network Sites*"

On social network sites, new forms of prescriptions emerge in which an individual entrepreneur called "content creator" promotes a product to his audience for a fee. Ecology is concerned by online prescription and its militant trait modifies market practices. Using online ethnography, web scraping and semi conductive interviews, we aim to study how environmental aspects create moral conflicts about the definition of the activity. We argue that environmental justification is mobilized differently depending of the actor using it. Although firms and audience criticize the commodification and the remuneration of a militant activity, content creators latter organize themselves in order to promote their activity as a profession, based on a work ethic and ecoresponsible practices.

Keywords: ecology, professionalization, social network, merchant prescription, influential.

Corinne DELMAS, « La porosité des frontières du travail notarial à l'heure du "distanciel" »

Depuis la pandémie de Covid-19, le télétravail s'est généralisé dans des entreprises notariales de proximité jusqu'alors peu concernées. Leurs employés l'ont expérimenté lors du premier confinement, pendant lequel les notaires ont en partie maintenu à distance leur activité. Le dynamisme de ce secteur, sa libéralisation, la dématérialisation des activités et le profil des travailleurs, féminisé et qualifié, ont facilité la généralisation du télétravail sous divers statuts (salarié, intérimaire, indépendant…). Cette pratique s'est répandue au prix d'une porosité croissante des frontières du travail notarial et de stratégies diversifiées de circonscription du temps et de l'espace. Celles-ci varient selon les métiers, offices, statuts, profils socio-démographiques, trajectoires, ressources et conditions de vie des travailleurs concernés, dans un milieu marqué par d'importantes hiérarchisations genrées. La volonté de travailler autrement motive en partie ce choix du travail à distance, mais aussi de formes alternatives d'emploi, voire de sortie de ce secteur.

Mots-clés : notaires, télétravail, numérique, temps de travail, conditions de travail.

Codes JEL : J29 ; J81 ; J44 ; J42 ; Z13.

Corinne DELMAS, "*The Porosity of the Boundaries of Notarial Work in the Age of 'Distance'*"

Since the Covid-19 pandemic, teleworking has become widespread in notary offices which, as small local businesses, were hardly concerned before. Their employees have experimented it during the first containment, during which notaries have partly maintained their activity at a distance. The dynamism of this sector, its liberalization, the dematerialization of activities and the feminized and qualified profile of workers have facilitated the generalization of telework under various statuses (salaried, temporary, self-employed, etc.). This practice has spread at the cost of an increasing porosity of the boundaries of notarial work and of diversified strategies for circumscribing time and space. These strategies vary according to the professions, offices, status, socio-demographic profiles, trajectories, resources and living conditions of the workers concerned, in an environment marked by significant gender hierarchies. The desire to work differently partly motivates this choice of remote work, but also of alternative forms of employment, or even of leaving this sector.

Keywords: notaries, telework, digital, working time, working conditions.

Achevé d'imprimer par Corlet,
Condé-en-Normandie (Calvados),
en Avril 2023
N° d'impression : 180464 - dépôt légal : Avril 2023
Imprimé en France

CLASSIQUES
GARNIER

Bulletin d'abonnement revue 2023

Socio-économie du travail

2 numéros par an

M., Mme :

Adresse :

Code postal : Ville :

Pays :

Téléphone : Fax :

Courriel :

Prix TTC abonnement France, frais de port inclus		Prix HT abonnement étranger, frais de port inclus	
Particulier	Institution	Particulier	Institution
▪ 78 €	▪ 98 €	▪ 90 €	▪ 106 €

Cet abonnement concerne les parutions papier du 1er janvier 2023 au 31 décembre 2023.

Les numéros parus avant le 1er janvier 2023 sont disponibles à l'unité (hors abonnement) sur notre site web.

Modalités de règlement (en euros) :

- Par carte bancaire sur notre site web : www.classiques-garnier.com
- Par virement bancaire sur le compte :
  Banque : Société Générale – BIC : SOGEFRPP
  IBAN : FR 76 3000 3018 7700 0208 3910 870
  RIB : 30003 01877 00020839108 70
- Par chèque à l'ordre de Classiques Garnier

Classiques Garnier
6, rue de la Sorbonne – 75005 Paris – France
Téléphone : + 33 1 43 54 00 44
Courriel : revues@classiques-garnier.com

mis à jour le 01/09/2022

Abonnez-vous sur notre site web :
www.classiques-garnier.com